新教师职业发展丛书

XINJIAOSHI
ZHIYE FAZHAN
CONGSHU

生涯规划与自我实现

本书编写组◎编
石 柠 陈文龙 王 玮◎编著

SHENGYA GUIHUA YU ZIWO SHIXIAN

高素质的教师不仅应该是有知识、有学问的人，而且还必须是有道德、有理想、有专业追求的人，不仅是高起点的人，而且是终身学习、不断超越自我的人；不仅是专业学科领域的专家，而且是教育科学的专家。

世界图书出版公司
广州·北京·上海·西安

图书在版编目（CIP）数据

生涯规划与自我实现／《生涯规划与自我实现》编
写组编 . — 广州：广东世界图书出版公司，2010.4（2024.2 重印）
ISBN 978 - 7 - 5100 - 1957 - 9

Ⅰ . ①生… Ⅱ . ①生… Ⅲ . ①教师 - 职业选择 Ⅳ .
①G451. 6

中国版本图书馆 CIP 数据核字（2010）第 050044 号

书　　　名	生涯规划与自我实现	
	SHENG YA GUI HUA YU ZI WO SHI XIAN	
编　　　者	《生涯规划与自我实现》编写会	
责 任 编 辑	马立华	
装 帧 设 计	三棵树设计工作组	
出 版 发 行	世界图书出版有限公司　世界图书出版广东有限公司	
地　　　址	广州市海珠区新港西路大江冲 25 号	
邮　　　编	510300	
电　　　话	020–84452179	
网　　　址	http://www.gdst.com.cn	
邮　　　箱	wpc_gdst@163.com	
经　　　销	新华书店	
印　　　刷	唐山富达印务有限公司	
开　　　本	787mm × 1092mm　1/16	
印　　　张	13	
字　　　数	160 千字	
版　　　次	2010 年 4 月第 1 版　2024 年 2 月第 4 次印刷	
国 际 书 号	ISBN　978-7-5100-1957-9	
定　　　价	59.80 元	

光辉书房新知文库
"教师职业发展"丛书编委会

"光辉书房新知文库"

总策划/总主编:石　恢

副总主编:王利群　方　圆

本书作者

石　柠　陈文龙　王　玮

序：教师职业发展的终生要求

20 世纪 60 年代中期以来，许多国家对教师"量"的急需逐渐被提高教师"质"的需求所代替，对教师素质的关注达到了前所未有的程度。进入本世纪以后，教师专业化已经成为世界性的潮流。高质量的教师不仅被要求是有知识、有学问的人，而且还必须是有道德、有理想、有专业追求的人；不仅是高起点的人，而且是终身学习、不断自我更新的人；不仅是专业学科领域的专家，而且是教育科学的专家。

教师这个职业尽管非常普通，但却又具有非常特殊的意义。

首先，教师这个职业所面临的对象，是活生生的人，而不是无生命的物质，是正在成长中的儿童青少年。教师的职责就在于，把未成年人培养成为社会所需要的、有鲜明个性的人才。虽然以人为工作对象的职业很多，比如医生、律师等，但他们服务的时间很短，服务内容也很有限。可是教师不一样，他的工作对象众多，服务时间相对较长，服务内容广泛、全面。

其次，教师以自身作为教育手段来实施教育。教师自己的知识、经验、人格、素养，就是对学生进行教育的材料，更是教育学生的手段，离开了教师这一最生动的教育手段，其他的手段，即便再先进，其教育的效果也要大打折扣。古往今来，对教师这一职业都具有双重的要求，即"教书育人"。孔子十分重视师德修养，他说："其身正，不令而行。其身不正，虽令不从""不能正其身，如何正人？"随着社会的发展，教师不仅要"传道、授业、解惑"，而且要"身正垂范"。教师的言传身教对学生的学习、品德和行为的发展起着重要的作用。换句话说，教师是学生最直接的学习与生活的模范和榜样。一个优秀的教师往往是学生崇拜和模仿的对象，他的思想、品行、情感、意志力、人格特征对学生会产生潜移默化的影响，甚至直接影响学生将来的发展。

再次，教师担任学生保健医生的角色。目前，素质教育要求全面提高学生的思想道德、文化科学、劳动技能和身体心理素质，促进学生全面健康地发展。而在学生的整体素质中，心理素质本身占有重要的地位，心理素质的好坏影响着其他素质的发展和提高。因此，教师作为教育活动的组织者和实施者，还担负着学生心理健康教育的重任。

最后，教师是一个需要终身发展的职业。随着社会的发展，特别是科学技术与信息技术的迅猛发展，教师职业将处于不断变化和发展之中，那种一旦成为教师就可以一劳永逸的思想与时代的发展越来越不相吻合，教师职业已经成为终身发展的过程，社会的发展需要教师不断地自我更新知识。教育家吕型伟曾说过："教育是事业，事业的意义在于献身；教育是科学，科学的价值在于求真；教育是艺术，艺术的生命在于创新"。他的这番话道出了教师职业终身发展过程的本质。

总之，教师要合格地履行自己的专业角色，就必须具备良好的专业品质和素养，关注自己的职业发展。抓住机遇，迎接挑战，是每一位教师必须面对的重要问题！

本丛书编委会

Contents 目 录

引　　言

教师，太阳底下最光辉的职业。

教师，人类灵魂的工程师。

作为一种职业，教师具有一般职场人士的基本特征，需要辛勤付出，需要不断提高，需要自我实现。

如何获得良好的职业发展，实现自我的价值和理想，是每一个职场人士都关心的话题，然而，多数人在职业发展的过程中都会遇到一系列的困惑、瓶颈，从而阻碍了目标的达成。

因此，学会如何进行有效的生涯规划，真正将命运掌握在自己的手中，达到自我实现，对于每一个人来说都是十分重要的。

然而，你该如何掌握自己的命运、实现自我的价值和理想呢？

如果你不能回答，那么，不妨用下面的问题来问问自己：

你是一个什么样的人？具备什么样的能力？想要达到怎样的高度？

你的下一步计划是什么？如何贯彻实施？

你该如何应对目前所遭遇到的困境？

在此时此刻，你需要如何行动？

……

只有你清楚地知道了以上问题的答案，实现自我才具有可能性。

毫无疑问，你的职业生涯需要分析、需要规划。

没有规划，便没有方向；没有方向，自我实现便无从谈起。

一个调皮的小孩捉了一只小鸟，去问一个睿智的老和尚说：师傅，你猜猜我手里的这只小鸟是活的还是死的？老和尚仔细看着小孩说：孩子啊，你手里的这只小鸟，你想让他活，他就活，想让他死，他就死。

作为教师，你的人生就是这样一只被你握在手中的小鸟，是展开理想的翅膀搏击长空，还是折断翅膀掉落在地，都取决于你自己。

前方有路，然而需要你的探索。

成功可期，然而需要你的努力。

在漫长的职业道路上，风雨坎坷，在所难免；疲倦低谷，时有来袭。如何扫除这些前进路途中的障碍，看清目标，选准道路，从现实的此岸，到达理想的彼岸，是需要你去认真思索和探究的。

那么，就让我们翻到下一页，一起去寻找其中的答案吧！

第一章　绪　论

什么是职业？教师这一职业有何特点，又分为几种类型？什么样的教师才算是自我实现的教师？……让我们带着这些疑问，了解教师这一职业的一些基本情况吧。

第一节　职业和生涯规划

我们每个人，从农民到公务员，从工人到个体小商贩，从学生到企业职员，无论从事的是何种工作，其本质都是一种职业。教师也不例外。

那么，究竟什么是职业呢？

各类辞典中对职业的解释一般有如下几种：

《现代汉语词典》：是指人们从事某种社会活动谋求个人生活的工作。

《劳动人事大辞典》：职业是个人在社会中所从事的作为主要生活来源的工作。

《中华人民共和国职业分类大典》：职业是从业人员为获取主要生活来源所从事的社会工作类别。

现代职业具有如下特征：

1. 职业知识：结构与过程。结构：知识是经验、价值及文字化

3

的信息；过程：知识是创造与建构。

2. 职业能力：基础与核心

（1）基础能力

（2）核心能力

核心能力是一个人的素质结构、知识结构和专业结构的综合体现，核心能力主要包括：思维能力、合作能力、创新能力、学习能力、实践能力。

3. 职业品质：信念与道德

首先是以"人"的概念成为社会的一分子，因此优秀的职员必须同时也是一个"大写"的人。在品质上应具备以下条件：

（1）理智感：是在智力活动和追求真理中所产生的情感体验，它与人的求知欲望、兴趣以及对真理的追求相联系。一个有理智感的人，他在追求真理的过程中会表现出坚定的信心和乐观的精神。

（2）道德感：是根据组织的行为规范，在评价他人或自己的思想言行是否合乎道德标准时所产生的一种情感。这种情感能够体现强烈责任心，并密切与他人的关系。

4. 职业心态：积极而健康

美国心理学家通过长期研究认为：个性与成就的关系大于智力与成就的关系，同样都是高智商的人，有的成绩卓著，有的一无所成，其最主要的原因在于个性差异。因此，必须拥有健康的职业心态，以下四种心理特征尤其具有代表性：

（1）自知和自信。自知，即自知之明。一个聪明的人往往能清晰地知道自己的长处和短处，在职业生涯中善于扬长避短，善于决定什么能干什么不能干，这样就能帮助自己走上成功之路。自信就是始终对自己抱有足够的信心，保持旺盛的勇气。缺乏自信，不敢行动的人，往往都有许多"理由"来为自己辩护，以此安慰自己，求得心理平衡。

（2）意志和胆识。意志坚强、富有胆识的人，能超越世俗，战胜自我，善于在工作中抓住最本质、最有价值的因素，敢于面对权威的挑战，敢于承受舆论的压力，达到一种非常有益的"心理自由"境界。

（3）宽容和忍耐。宽容主要表现在对人上，它有2层意思：①对有过错误的人或反对过自己的人要宽容，②对比自己能力强的人不嫉妒。忍耐则更多地表现在对事上，对条件、局势、时间的承受能力上。

（4）开放和追求。一个成功者必须要心态开放和追求卓越，只有开放的心态才能在日益膨胀的信息时代持续进取，保持创新的活力。在与同行业、不同行业的信息交流中，完善自我。只有追求卓越，才能使自己不断发展，在不断自我完善的过程中，使自己的发展达到一个更高的境界。

1953年，舒伯（Donald E. Super）在《美国心理学家》杂志上发表了一篇文章，在该文中，他提出了"生涯"这一概念。

（1）工作：在某一行业中的具体职位。是有目的、有结果、需要投入时间和精力并持续一定长时间的活动。

（2）职业：介于"工作"和"生涯"之间的概念。一系列的工作。

（3）生涯：个人一生中所经历的一系列职业与角色的总称，即个人终身发展的历程。

实际上，生涯就是人的生命成长历程，它以职业为中心，但又不仅仅限于职业层面，还包括所有人生角色，如家庭（子女、配偶、父母）、学校（学习者）、社会（公民、消费者、休闲者、退休者）等等。是自我认知、自我了解、自我肯定、自我定位、自我发展、自我实现的过程。人的生涯发展，既是一个自然生命的成长过程，也是一个自觉生命的生成过程，更是一个自我规划与创造的奋斗过程。

所谓职业生涯，是指一个人一生中的所有与工作职业相联系的行为与活动以及相关的态度、价值观、愿望等连续性经历的过程。

个人职业生涯规划，是指个人结合自身情况以及所处的环境与制约因素为自己确立职业目标、选择职业道路、确定发展计划与教育计划，并为实现职业生涯目标而确定行为方向、行动时间与行动方案的过程。

职业生涯规划的期限一般划分为短期规划、中期规划和长期规划。

短期规划为 3 年以内的规划，主要是确定近期目标，规划近期完成的任务。

中期规划一般为 3～5 年，在近期目标的基础上设计中期目标。

长期规划的时间是 5～10 年，主要设定长远目标。

在进行职业生涯规划之前，一般要先做以下几个方面的准备：

（1）正确的职业理想，明确的职业目标

职业理想在人们职业生涯设计过程中起着调节和指南作用。一个人选择什么样的职业，以及为什么选择某种职业，通常都是以其职业理想为出发点的。任何人的职业理想必然要受到社会环境、社会现实的制约。社会发展的需要是职业理想的客观依据，凡是符合社会发展需要和人民利益的职业理想都是高尚的、正确的，并具有现实的可行性。职业理想更应把个人志向与国家利益和社会需要有机地结合起来。

（2）正确进行自我分析和职业分析

首先，要通过科学认知的方法和手段，对自己的职业兴趣、气质、性格、能力等进行全面认识，清楚自己的优势与特长、劣势与不足。避免设计中的盲目性，达到设计高度适宜。其次，现代职业具有自身的区域性、行业性、岗位性等特点。要对该职业所在的行业现状和发展前景有比较深入的了解，比如人才供给情况、平均工资状况、行业的非正式团体规范等；还要了解职业所需要的特殊能力。

（3）构建合理的知识结构

知识的积累是成才的基础和必要条件，但单纯的知识数量并不足以表明一个人真正的知识水平，人不仅要具有相当数量的知识，还必须形成合理的知识结构，没有合理的知识结构，就不能发挥其创造的功能。合理的知识结构一般指宝塔型和网络型两种。

（4）培养职业需要的实践能力

综合能力和知识面是用人单位选择人才的依据。一般来说，进入岗位的新人，应重点培养满足社会需要的决策能力、创造能力、社交能力、实际操作能力、组织管理能力和自我发展的终身学习能力、心理调适能力、随机应变能力等。

（5）参加有益的职业训练

职业训练包括职业技能的培训，对自我职业的适应性考核、职

业意向的科学测定等。可以通过"三下乡"活动、大学生"青年志愿者"活动、毕业实习、校园创业及从事社会兼职、模拟性职业实践、职业意向测评等进行职业训练。

第二节　职业生涯规划的内容

职业生涯规划是你为自己的专业发展设计的一个蓝图，它可以为你的专业化发展提供引导和监控，也能为你对自身专业发展的反思提供一个参照。

教师职业生涯规划的内容主要包括：

自我评估

你要全面充分地认识自己，对自己的能力、兴趣、需要等个性因素进行全面的分析，充分认识自己的优势和劣势；诊断自己所存在的问题；寻找自己最擅长的领域和专业发展方向，在最适合自己的领域或空间谋求个人的最大发展；列出自己的成长领域，并确定优先领域。

在具体制定自己的专业发展规划时，必须了解自己现有的发展水平，最重要的两方面是：内在专业结构和自我专业发展的意识。前者着重确定自身内在专业结构所存在的不足，从而有针对性地确定发展目标；后者着重了解自己所具有的专业发展准备程度和自我发展能力。值得注意的是，专业发展是持续的，因而对专业发展水平起点的了解也不是一次性的。

环境分析

分析学校的目标和改进计划以及对教师的要求；分析学生的需

求及其成长对教师的要求；平衡自身需求、学校需求和学生需求三者的关系；认识学校的发展方向与自己专业发展设计所制定的专业发展规划是否冲突；分析专业发展的资源条件，包括环境提供了哪些条件，还需要哪些条件和资源，如何获得这些资源，获得这些资源需要付出多大的代价或者成本，这些成本与可能的收益是什么关系，等等。

确立目标

我们在上一章已经仔细分析了确立目标的意义以及方法，目的就是希望你能够明确自己的发展方向和路径。

策略拟定：设计行动方案

目标一旦确定，就要考虑实现目标所要采取的策略，即由具体的措施和活动构成的行动方案。制定行动方案时，要根据自己的目标综合各方面的条件，分析达到目标所需的资源，确定达成目标所需的特定的专业发展内容，进而确定完成专业发展任务所要开展的活动，如听课、研讨、阅读、加入专业组织等。

教师职业生涯规划举例

1. 总体目标：你的总目标是什么，如何将总目标与学生的需要和能力或与学校或地区目标结合起来？（例如：提高学生科学测验成绩，将学生平均成绩与全校或地区相比较）

2. 具体目的：你想达到哪些具体目的？（例如：今后的两年内，我班学生在英语单科全年级考试中98%及格，60%优秀）

3. 拟采取的行动：你将采取哪些与目的直接有关的具体行动？（例如：运用班级或工作协作组提升在课堂采用探究式学习的能力，与使用探究式学习的其他教师合作或寻求他们的帮助）

4. 关系：该计划与你所任教的学科领域、学生、你的能力结构、学校或地区目标以及优质教育实践有何关系？（例如：探究是科学教育有效的、重要而被广泛接受的方法，能使我提高学生的成绩）

5. 评价标准：评价你达到目的的标准是什么。如果需要，你何时及如何调整你的计划？（例如：未来2年内我的学生在我任教的学科95%在全校获全区统考中及格，如果1年后，他们没有取得进步，我将审查我的计划并做出调整）

6. 卷宗档案：你将为每个目标和具体目的从你计划的行动中收集什么证据？（例如：班级的学分，参加工作协作组的学分，探究式教学案例，学生作业案例，笔记，考试分数等）

第三节　教师职业发展的原则及特点

作为一种重要职业，教师的职业规划与职业发展具有独特的模式，该领域的研究与实践对教师个人职业发展、学校管理、人力资源开发都具有重要意义。与其他职业生涯一样，教师的职业生涯也遵循着一定的规律，在不同的阶段有不同的发展任务，与教师进入职业场所的时间、年龄、人生阶段、职业阶段等都有密切的关系。

1. 目标性与系统性原则

由于现代社会结构与教育结构日益复杂化，需要教师职业具备多种职能与功能，教师职业生涯规划首先应遵循目标性和系统性原则是必然的。教师职业生涯的目标明确有利于教师职业能力的提高，教师可借助各种信息了解自身的能力与不足，评估当前状态与目标状态的差距，从而确定职业发展的起点，促进自身的职业发展。职业生涯规划是多元化目标有机结合的系统，是一个复杂的目标系统，职业存在状态的不同使得教师对其职业的含义与意义有不同的理解，也使得教师有不同的职业理想与职业行为选择，最终导致教师具有不同的发展水平。

2. 主体性与主动性原则

教师职业发展的特点要求教师积极参与职业发展活动，作为职业生涯规划的主体主宰自己的职业生涯。教师应积极参加与学校的教学目标相关的职业发展活动，将职业发展活动与学科教学内容联系起来，将自己的职业发展与学生的不同需要结合起来，客观地评价自身的职业发展水平。

3. 动态性与可调性

原则在不同的社会背景与不同的教改背景下，对教师职业能力的要求是动态变化的，在教师的整个职业生涯中，动态性与可调性贯穿始终。教师的主体性终身学习，就是将自身作为发展的对象，其发展过程伴随着职业生涯的展开，在这个过程中，实时的监控与动态的调节机制对保证教师职业生涯目标的实现与职业活动的绩效是必需的。

4. 多元化与多主体评价原则

对教师职业活动的成果评价是复杂和不确定的。在教学方面，要准确衡量教师在"学生质量的改进或提高"上的成果几乎不可能；科研成果虽然相对具体，但由于科研过程难以控制且科研成果很少有明确的衡量标准，所以也不好衡量。更重要的是，对教师的职业活动存在着来自教师自身的内部评价与来自社会的外部评价，对二者的匹配程度的解释和理解直接影响到教师以后的职业活动。

5. 职业角色认同原则

教师职业是一种典型的助人职业，教育教学工作环境本身是一种压力情境，而且教师的职业活动成果最终体现为学生的活动结果，由于学生之间客观存在的差异，常常会导致教师职业成就感的差异。在成就感与肯定感、挫折感与无效感交替出现的状况下，教师对自己职业角色积极的整合与认同是避免角色混乱、角色冲突与角色超载的前提，这在教师职业生涯规划中也是至关重要的。

作为一种职业，教师的发展具有如下 3 个特点：

1. 专业化

20 世纪 50 年代初，欧美的一些学者提出了教师职业专门化的概念，认为教师职业必须被视为专业，教师职业的专业化问题受到越来越广泛的重视。教师职业的专业化特点要求教师努力成长为专家，不仅要成为本专业领域理论与实践的专家，还要成为教育教学的专家学者，形成教学专长和职业专长。

教学是非常复杂的劳动，教师必须具有对不确定性和不可预测的教学情境做出解释与决策的能力，这种能力的形成需要一个逐渐发展和不断积累的过程，也是一个长期的、复杂的、内隐学习与外显学习相结合的过程。理论界对于教师专业化的内容与标准持有不同的观点。目前比较公认的教师专业化标准是从专事教育基本原理研究、专业知识与技能、专业道德、专业自主与专业组织等方面来界定的，要求教师具备科学先进的教育理念、丰富系统的理论知识、娴熟的教育教学技能、优良的伦理道德与健康的心理素质。

2. 动态化

各个行业都具有本身工作上及组织上的独特性，对于所有正在

12

发展中的专门职业而言，并没有统一不变的模式。从历史发展模式的角度分析教师职业发展的规律，需要从其产生与发展的历史背景、自身的独特性等多种因素加以考虑。

教师职业能力发展的动态性指不同历史时期、不同社会背景、不同教改背景要求教师的职业能力适应动态变化的需求，即教师职业发展在一定程度上具有不确定性的特点。

（1）强调教师拥有个人专业发展的自主性，教师应能够独立于外在压力，制定适合自己的专业发展目标、计划，选择自己需要的学习内容，而且有意愿和能力将目标与计划付诸实施。

（2）强调教师实行自我专业发展，即无论在正式的教师教育情境下，还是在非正式的日常专业生活中，教师均应表现出实施自我教育的意愿和能力，并能在个人标准基础上对自己的专业发展实施评价。

（3）强调教师能够自觉地在日常专业生活中自学。教师应以个人的专业结构完善为本，把教学工作看成是一种专业，教师应追求个人专业结构的不断改进并从中得到满足。

3. 职业品质个性化

教师的职业心理品质在其人格特征中占有重要地位，教师的心理品质是在长期的教育教学实践中逐步形成和发展起来的。

（1）强烈的求知欲、浓厚的学习兴趣是教师突出的职业心理特征。教师的求知欲是由教师工作的特点所决定的，并在长期的教育教学实践中不断发展与完善。

（2）敏锐的观察力是教师重要的心理特征之一。教学是教师控制下的反馈活动，教学能否按照反馈的线路不断前进与升华，关键

在于教师能否根据学生反馈的信息，有针对性地调整信息。

（3）教师是传授知识的人，教学工作是创造性劳动。教育教学要求教师必须善于接受新事物，研究新问题，并及时地将其贯彻到教学中。

（4）理智感是教师突出的心理特征之一，教师的理智感主要表现为科学的世界观和坚定的信仰、良好的个人修养、文明高尚的行为等。

（5）教师的工作中有大量个别化的研究性、创造性活动。教师在工作中应该具有计划、控制和调节自己活动的独立工作的能力。

（6）自尊感是教师重要的心理特征之一，也是教师的一种职业心理。教师日复一日、年复一年处于教育人的实践中，教师的职业实践使其形成自尊的职业心理。教师在职业劳动过程中所形成的体现时代精神的教育理念、多层次复合性的知识结构以及教育教学能力都具有个性化特点。

延伸阅读　教师职业发展阶段理论

1. 本纳的教师职业发展阶段理论

（1）新手阶段：个体关于这个领域中什么是正常的、什么是不正常的已经有了最基本的理解，也已经掌握了一些基本行为规则，但规则的运用还不能因应特定情境的变化而做出变通；已经能够辨识某项举措在临床情境中的风险及好处，但在操作程序上还需要直接的督导，在解决问题时需要帮助。

（2）高级新手阶段：个体已经有了很好的知识基础，并能够辨识工作中的某些带有普遍性的模式和各相关要素之间的关系；能够根据掌握的材料设计合宜的行动方案，在技术上开始表现出一定的熟练水平，并能够根据具体情境做出调整，但还不能够取得稳定性的成功。

（3）胜任阶段：个体已经有了更为宽广的知识基础，并能够运用理论分析现实情境，能够在某种比较可行的理据基础上设计行动方案；能够独立地对现实情境中的信息进行区分，关注那些重要的信息，而忽视不重要的信息，并能够对现实情境做出恰当的评价；遇到非典型性的情境时，知道从哪些渠道可以获得帮助；已经熟练掌握了技术，并能够取得持续性的成功。

（4）精熟阶段：个体能够在已有的宽广的知识基础上，批判地吸收和整合新的知识；不但能够将科学规则运用于具体情境，而且能够提出多种的可能方案并在整体上予以整合；能够成功地预见可能发生的结果，并有效地对可能事件进行管理；即使是在压力或非常规的情境下，也能够表现出高效能；能够作为某个小组的成员解决一些重大的课题，并意识到个人的局限性。

（5）专家阶段：拥有突出的知识基础，并知道当前研究的前沿和方向；能够建构科学知识并运用于自己的实践中；能够直觉地把握情境，对问题表现出很强的洞察力，唯在出现了特殊情况时，才结合本领域的规则，运用分析的思维方式进行判断；技术上达到精熟，并能够通过有效的沟通和有效的问题解决策略，平衡各种不同的要求、专业地对待复杂的情境。

2. 休伯曼的教师职业发展阶段理论

（1）生存与发现期：教师在正式入职之前，在师范院校中接受

的有关教育、学校及学生的形象通常比较理想化甚至富有浪漫色彩，例如将教育描绘成一个充满爱、充满阳光的事业，认为教师应该爱护和尊重学生，与学生保持良好的个人关系等等，但当教师进入实际的职业场景时，往往会面临严重的理想与现实的冲突：学校的工作必须循规蹈矩甚至显得刻板，工作时间的安排往往紧凑得让人感觉压抑，那些想把爱和尊重在课堂上直接体现出来的新教师，常常发现自己根本控制不了课堂秩序，希图与学生保持良好的个人关系不但增加了自己的压力，而且似乎也得不到年长同事们的认同……新教师以前在师范院校里所接受的学校形象、教师形象和学生形象往往在这段时间内受到现实中许多严峻成分的冲击，教师需要在理想与现实、意愿与困难的冲突中挣扎求存，寻找新的平衡点。这就是所谓"生存"的意思。当然，新教师也会发现：自己已经成为一批活生生的学生的老师，她开始有了自己的学校、自己的班级、自己的学生、自己的任教学科以及自己的教师群体，这会使新教师产生某种积极的拥有感，这就是"发现"的意思。对于这个阶段的教师来说，做好入职教育，帮助他们尽快地重新认识现实中的教育工作的性质，以便在他们以前所接受的偏于理想主义的教育观念和现实教育情境中会遇到的困难与矛盾之间，找到平衡点，从而尽快形成比较全面的教育观念，是这个阶段的专业发展重点。

（2）稳定期：在经过1~3年的"生存与发现期"后，教师进入稳定期。这种"稳定"一方面表现在教师与学校的关系上，此时新教师已经结束与学校工作关系上的"试用期"，成为学校"正式"的一分子。学校通常在1~3年教龄的教师身上采取的一些透露着不信任的措施，如经常性地听新教师的课、委派一位"师傅"

帮带等等，在这个阶段也已经解除，教师开始享有比以前高的专业自主权，可以依靠自己的力量、不必在别人的监督之下从事教育、教学工作。另一方面，在心理上，那些认定自己不适合从事教育工作的人，一般也在这个阶段开始作出抉择，退出教育行业；那些留下来的教师，一般在心理上已经确定自己可以胜任教师的工作，愿意选择教师为自己的终身职业。在这一阶段，帮助教师增加专业知识、提升专业技能，以便尽快地从一个"新手教师"成长为一个"胜任教师"甚至"熟练教师"，是这一个阶段的专业发展重点。

（3）尝新与自疑期：接下来时间跨度很大的一个阶段，是尝新与自疑期。教育工作在性质上相对地缺乏创造性，而多重复，这一点在过去的教育界尤其明显。缺乏创造性从工作的便利角度讲，可以降低工作的难度和挑战性，比较容易把握，但长时间地从事缺少挑战性而又多重复的工作，容易使教师对自身的价值产生怀疑。尤其在教龄接近20年的教师中，容易产生一种所谓"职业中期危机"，感觉自己的工作缺少价值。而在这同时，这一阶段的教师也开始主动地做出一些自我更新的尝试，如调整教育内容、变更教学方法等等。处在尝新与自疑期的教师，已经有比较丰富的实践经验的积累，又比较愿意接受一些新的观念、知识和技能，如果能够利用一些变革的机会，或主动地进行教育教学的变革，积极创新，并有意识地总结经验，实现从"经验做法"到更自觉的专业水平的超越，这一阶段的教师更容易实现较为深刻的专业上的发展。在课程变革中，无论是学校倡发的变革，还是来自校外的变革，处于尝新与自疑期的教师，往往会成为推动课程变革计划得到实施

的骨干力量。

（4）宁和与保守期：这一时期的时间跨度同样较大。随着年龄的增长，教师在人际关系上开始趋于宁和，尤其突出地表现在师生关系上，由于与学生的年龄差距开始加大，学生对教师的角色期望也开始发生变化，即使教师本人愿意与学生建立亲密的关系，作学生的"大哥哥"、"大姐姐"，在学生看来，教师已经是自己的父辈甚至更年长的人，心理上的距离也开始增加，师生关系往往融洽但不再像青年教师与学生的关系那样亲密。在专业上，长期积累的经验逐渐使教师形成某些认定有效的"铁律"，不愿意再做出大的调整和更新，也不愿意"冒险"尝试一些确定性较差的新做法，趋于保守。处在这个阶段的教师，有一部分已经担任了领导职务，即使那些在名分上并不享有某种行政职位的人，也往往以其丰富的实践经验而成为学校或某一学科的课程与教学领导。提供机会，让这一阶段的教师承担更多的引领其他教师的职责，有助于这一阶段的教师重唤专业上的热情，愿意谋求自身的持续发展。这一阶段的某些优秀教师，在总结自己的丰富实践经验的基础上，有可能会逐渐地形成富有个人特色的一套教育教学的理论。事实上，大部分的"名师"都处在这个阶段。

（5）游离悠闲期：教师职业生涯的最后几年，进入游离悠闲期。一般而言，处在这个阶段的教师会开始有意识地为退休做心理上的准备，对于学校的当前的核心工作（如新一轮的课程改革或某种新的教育观念的施行）往往并不十分关心，处在某种游离的边缘状态。对于这个阶段的教师来说，如果能够重新唤起他们的专业兴趣与热情，可以使他们更投入地对待自己的工作。

3. GST 阶段理论

（1）格式塔阶段："格式塔"是一个心理学派别经常使用的术语。简单地讲，这派心理学对于人的认识过程的理解是：人是先整体地把握世界，然后才分析地看待这个世界的各个部分或内在的规则。这个阶段的教师能够笼统地把握自己的实践，甚至于能够按照某种标准成为优秀的实践者，但并不能为自己的实践何以成功或何以存在某些不尽如人意的地方做出解释。这是绝大多数教师都会经历的一个阶段，也有相当数量的教师终其职业生涯，也一直处在这个阶段。这个阶段的缺点是由于不能对自己的实践进行自觉的解释，从而很难超越具体的实践经验，更不容易对他人的实践提供有较一般意义的借鉴框架。

（2）图式阶段："图式"同样是一个心理学术语，简单讲，"图式"就是指结构化的、丰富而多变的现象背后的原则。可以这样来理解这一术语：地球本身是浑然一体，并没有什么经线与纬线的，但是我们人为地在地球仪上画上这些线，可以帮助我们很快地为自己或别人"定位"，从而为自己或别人进一步的行动提供更为明确的指南。图式阶段的教师，能够依据一定的原则来解释自己的实践，并按照一定的原则重新尝试和完善实践。有些优秀教师（如李吉林）的成长过程，很清晰地表明了从格式塔阶段往图式阶段的转变，对于教师发展的重要意义。

（3）理论阶段：这个阶段的教师除了能够对自己的实践进行局部的（如只对课堂教学）解释和预测外，已经形成更为系统的对于教育内部关系、教育与其他社会要素之间的关系的较为稳定的认识，也即形成个人化的教育理论。

第四节　教师职业生涯的类型

加拿大西蒙·多伦（Shimon L. Dolan）和兰多·舒尔乐（Randall S. Schuler）在其《人力资源管理——加拿大发展的动力源》中，介绍了著名的霍兰德职业生涯理论。该理论以个人适应环境的角度，研究了影响职业选择的因素。霍兰德认为，人们应该选择那些适合发挥自己的技能、能力，能表达自己的态度、困难和承担一定角色的环境。他提出了 6 种职业生涯类型，作为职业愿望和职业选择预测手段，得到普遍的应用。事实上这种职业生涯类型的区分，也可以对教师职业生涯类型分析有一定的参考意义。

1. 常规型（传统型）。这种个性类型的人在事务性的职业中极为常见。他们容易组织起来，喜欢和数据及数字打交道，喜欢明确的目标，不能接受模棱两可的状态。他们是服从的、有秩序的、有效率的、实际的。如果用不太客气的话说，就是能自我控制，缺乏想象，无灵活性。出纳员就是这种类型的典型代表。

2. 艺术型。这种类型与传统型形成了最强烈的反差。他们喜欢选择音乐、艺术、文学、戏曲等方面的职业。他们认为自己富有想象力，直觉强，易冲动，好内省，有主见。这一类型的人语言方面的资质强于数学方面。如果有消极一些的语言描述，这类人是感情极丰富的、无组织纪律的。

3. 现实主义型。这种类型的人真诚坦率，较稳定，讲求实利，害羞，缺乏洞察力，容易服从。他们一般具有机械方面的能力，乐于从事半技术性的或手工性的职业（如管道工、装配线工人等），这类职业的特点是有连续性的任务需要却很少有社会性的需求，如谈判和说服他人等。

4. 社会型。社会型的人与现实主义型的人几乎是相反的两类。这种类型的人喜欢为他人提供信息，帮助他人，喜欢在秩序井然、制度化的工作环境中发展人际关系和工作。这些人除了爱社交之外，还有机智老练、友好、易了解、乐于助人等特点。其个性中较消极的一面是独断专行，爱操纵别人。社会型的人适于从事护理、教学、市场营销、销售、培训与开发等工作。

5. 创新型（企业家型）。这种类型的人与社会型的人相似之处在于他（她）也喜欢与人合作。其主要的区别是创新型的人喜欢控制和领导他人（而不是去帮助和理解他人），其目的是为了达到特定的组织目标。这种类型的人自信，有雄心，精力充沛，健谈。其个性特点中较消极的一面是专横，权力欲过强，易于冲动。

6. 调查研究型。这种类型与创新型几乎相反。这一类型的人为了知识的开发与理解而乐于从事现象的观察与分析工作。这些人思维复杂，有创见，有主见，生物学家、社会学家、数学家多属于这种类型。在商业组织中，这类人经常担任的是研究与开发职务及咨询参谋之职。这些职务需要的是复杂的分析，而不必去说服取信于他人。

通常，一个人并不单一地表现为某种类型，而是 2 种或 3 种类型的综合。霍兰德认为，那些同时具有 2 种或 3 种个性特点的人更容易受环境因素的影响，结果往往是工作选择他们，而不是他们选择工作。

对于教师的职业生涯类型，流行的说法很多。每一个教师，在

实际上也很难用哪种类型的概念作出判断，有的可能属于复合型，或者说在某一阶段表现出某种类型的特征比较明显。

第五节　教师的自我实现

自我实现及其表现

美国心理学家马斯洛（Abraham Harold Maslow）在其 1943 年的著作《动机论》中指出，人的需要可以分为五个层次，它们依次是：生理的需要、安全的需要、归属和爱的需要、尊重的需要和自我实现的需要。其中，自我实现的需要是指实现个人理想、抱负、发挥个人聪明才智的需要，是人的需要层次中最高层次的需要。

所谓自我实现，是指个体在成长中，其身心各方面的潜力获得充分发展的历程与结果，意即个体本身生而俱有但潜藏不露的良好品质，得以在现实生活中充分展现出来。

在提出需求层次理论中，马斯洛将研究焦点放在心理健康的个体上，特别是那些所谓"自我实现"的人身上，尝试归纳出那些对生命感到满意、能发挥潜能又具有创造力的人的共通点。马斯洛发现，这些人之所以较不易受到焦虑与恐惧影响，是因为他们对自己及他人都能抱着喜欢及接纳的态度。他们虽然也有缺点，但因为能够接受自己的缺点，所以他们较一般人更真诚、更不防卫，也对自己更满意。

马斯洛认为，"自我实现"的人具有一些共同的特征：敏锐的洞察力、致力于他们的工作、任务、责任或职业，创造性，内在要求和外在使命相契合，超越了工作和娱乐的分野（即工作就是娱乐），超越了自我与非我的分离（即自我实现）。

在马斯洛眼里，自我实现的人具有如下表现：

* 对现实更深邃的洞察力；

* 对自我、对他人和自然的接受；

* 自发性、坦率、自然；

* 以问题为中心；

* 超然独立的特性，离群独处的特性；

* 民主的性格结构；

* 富于哲理的善意的幽默感；

* 对文化适应的抵抗；

* 具有自我实现者的价值观；

* 具有自我实现者的缺陷。

自我实现的趋向是人的天赋，但现实中往往仅有很少一部分人能够达到自我实现。马斯洛认为主要有四个原因：

（1）自我实现的需要在需要的层级系统中处于最高点，它的产生有赖于其他基本需要的满足。

（2）文化传统的抑制。有些社会文化具有一种特殊的倾向。即把人的本能看做是恶的，而自我实现的需求来自本能，所以会被这种文化所压抑。

（3）缺乏自我实现所需的外部条件。如果外部条件不具备，例如自由、正义、秩序等缺失，自我实现就无从谈起。

（4）"约拿情结"的影响。"约拿情结"源于圣经中的一个故事，上帝召唤约拿去尼尼微城传话，但他却没有勇气接受这一使命，企图逃避。人的身上总是存在一种有对成长的防御，即"对

自身杰出的畏惧"。由于大多数人不能认清自己的命运和天性，失去了成长的勇气，不敢承担自己应尽的职责，因而严重妨碍了自我实现。

教师的自我实现

对于教师而言，"自我实现"表现为一种追求精神享受的需要——学习与发展的需要，它不仅表现为适应岗位的需求，更表现为教师通过学习充实人生，实现自己的专业成长，成为"专家型"教师的过程。"自我实现"的教师不再满足于仅仅充当知识的传声筒或教材的扬声器，而是把自己当成一个理性的有思想、有见解、有独立判断和决策能力的人，把自己看成教育活动的反思者和研究者，把终身自我教育作为职业生涯的推动力，把自我的发展与职业的需求结合起来，把教学的成功与持续不断的学习结合起来。教师投身教育事业不再是一种悲壮的献身，而是生命的体现和延伸，是个人幸福生活和持续发展的不竭源泉。

一个自我实现的教师内心会感到满足、愉悦，其表现有3个层次：①对工作环境、条件、组织的高度适应，并且在报酬上获得了相对满足，这是最基本的适应型满足；②能够将工作目标与人生奋斗目标有机统一在职业生涯的过程之中，在劳动过程中和在劳动成果上享受到了创造与勤奋、体验与前瞻的愉快，也就是说他的职业生涯处于不断发展的活跃状态，这是发展型满足；③"随心所欲不逾矩"，主体诸认识能力处于自由、和谐关系之中，这是一种心理状态，也是教育教学艺术达到炉火纯青地步的体现，能够进入艺术欣赏美、创造美的境界，乃是心意自由型满足。

一个教师能够得到、享受职业生涯过程中的满足和愉悦，就会产生幸福感，就会充分展现人在职业生涯中的生命价值。要进入这种境界，他的职业生涯应该是处于持续的、与时俱进的发展状态。一个自我实现了的教师，他不受岗位的限制，即使走下工作岗位，他仍然能够通过对职业生涯体验性总结、反思、研究等等，将其职业生涯的幸福感、快乐和内在的愉悦持久和升华。

而要想达到自我实现，就必须首先进行详细而科学的生涯规划。

附：关于自我实现的测试

对下面的陈述，按以下标准自动选择最符合你的分数：

1 = 不同意；2 = 比较不同意；3 = 比较同意；4 = 同意。

1. 我不为自己的情绪特征感到丢脸。

2. 我觉得我必须做别人期望我做的事情。

3. 我相信人的本质是善良的、可信赖的。

4. 我觉得我可以对我所爱的人发脾气。

5. 别人应赞赏我做的事情。

6. 我不能接受自己的弱点。

7. 我能够赞许、喜欢他人。

8. 我害怕失败。

9. 我不愿意分析那些复杂问题并把它简化。

10. 做一个自己想做的总比随大流好。

11. 在生活中，我没有明确的要为之献身的目标。

12. 我恣意表达我的情绪，不管后果怎样。

13. 我没有帮助别人的责任。

14. 我总是害怕自己不够完美。

15. 我被别人爱是因为我对别人付出了爱。

记分时，以下题目要反向记分：2、5、6、8、9、11、13、14（选择"1"计4分；选择"2"计3分；选择"3"计2分；选择"4"计1分）。然后把15道题的分数相加。可以将你的分数和下面的大学生常模进行比较。分数越高，说明在你人生的某个阶段，越有可能达到自我实现。

性别	平均分	标准差
男生	45.02	4.95
女生	46.07	4.79

第二章　全面符实的评估

　　你的价值观是什么？知识结构是否合理？所在的学校环境怎样？……职业生涯规划的目的不仅仅是协助个人达到和实现个人目标，更重要的是帮助个人真正地了解自己，并在详细评估了内外环境的基础上设计出合理可行的职业生涯发展规划。

第一节　价值观评估

　　人接受什么，拒绝什么，都有其内在的价值标准，也就是价值观。价值观是一种涉及行为方式和目标的持久信念。当一个人相信并愿意接受一种事物或社会规范时，他必定赋予它一定的价值。这样，外在的东西就会内化为个体的价值观。职业生涯的价值观一般包括理想、信念、世界观等。

　　先让我们看看下面的小故事：

　　有一只猕猴，拿着一把豆子，它在行走时不小心掉了一颗豆子在地上。于是，它便放下手中的其他豆子，回头去找掉落的那一颗。结果，它非但没有找到掉落的那颗豆子，连原来放在地上的那些豆子也都被鸡鸭吃光了。

　　其实，猕猴手中的那把豆子，就像我们每个人能拥有的一切，比如健康、金钱、声望、地位、尊严、权力，等等。为了其中的一

颗（权力、金钱等）而把其他的都放弃，这样做究竟值不值得呢？

其实值不值得，最主要在于个人的价值观。

美国心理学家洛克奇经过研究，提出了13种价值观：

（1）成就感：提升社会地位，得到社会认同；希望工作能受到他人的认可，对工作的完成和挑战成功感到满足。

（2）美感的追求：能有机会多方面地欣赏周遭的人、事、物，或任何自己觉得重要且有意义的事物。

（3）挑战：能有机会运用聪明才智来解决困难；舍弃传统的方法，而选择创新的方法处理事物。

（4）健康：包括身体和心理的健康。工作能够免于焦虑、紧张和恐惧；希望能心平气和地处理事物。

（5）收入与财富：工作能够明显、有效地改变自己的财务状况；希望能够得到金钱所能买到的东西。

（6）独立性：在工作中能有弹性，可以充分掌握自己的时间和行动，自由度高。

（7）爱、家庭、人际关系：关心他人，与别人分享，协助别人解决问题，对周遭的人慷慨。

（8）道德感：与组织的目标、价值观、宗教观和工作使命能够不相冲突，紧密结合。

（9）欢乐：享受生命，结交新朋友，与别人共处，一同享受美好时光。

（10）权力：能够影响或者控制他人，使他人按照自己的意愿行动。

（11）安全感：能够满足基本的需求，有安全感，远离突如其来的变动。

（12）自我成长：能够追求知性上的刺激，寻求更圆润的人生，在智慧、知识与人生的体会上有所提升。

（13）协助他人：体会到自己的付出对团体是有帮助的，别人因为你的行为而受惠颇多。

针对以上 13 种价值观，你作为教师可以分别问问自己以下的问题：

（1）我重视的价值观是什么？

（2）我所重视的价值观曾经有过改变吗？是什么时候改变的？

（3）有哪些价值观是我父母认同的，而我却认为不重要呢？

（4）价值观的改变是否曾经改变我的生活方式？

（5）我理想的工作状态与我的价值观之间是否有关联？

（6）以前我曾经崇拜哪些人？他们目前对我有什么影响？

（7）我的行为可以反映我的价值观吗？例如重视工作的变化、成长与突破的你，会选择相对其他工作单调枯燥、一成不变的教师工作吗？

回答以上问题，是你了解自己价值观的基础，这些问题的回答并不容易。因为价值观的显现有时候就像是调皮、好动的小孩，不好把握。

价值观有时很明确，有时却伴随着个人主观的情绪，让人捉摸不透。然而，价值观决定着人生的方向，是最需要自我思量的方面。价值观的澄清能让你找到工作的动力，让生命的活水源源不绝，让人生变得充盈、欢畅，意趣无穷。

下面的材料分别是美国教师教育联合会制定的教师誓言，我国

小学、初中和高中比较有代表性的教师誓言。从中我们不难看到誓言中体现的教师职业价值观。

美国教师教育联合会的教师誓言

我在此宣誓，我将把我一生贡献给教育事业。我将履行作为教育者的全部义务，不断改善这一公共福利事业，增进人类的理解和能力，并向一切为教育和学习做出努力的作为和人表示敬意。我将这些义务当作我自己的事，并时刻准备着、责无旁贷地鼓励我的同事们做到这一点。

我将时刻注意到我的责任——通过严格的对知识的追求来提高学生的智力。即使非常辛苦，即使受到放弃这一责任的外界的诱惑，即使遇到失败等障碍而使之更加困难，我也将坚定不移地执行这一承诺。我还将坚持不懈地维护这一信念——鼓励并尊重终身学习和平等对待所有学生。

为了忠实地完成这一职业义务，我保证努力做到钻研所教内容，不断改善我的教育实践并使在我教导下的学生能够不断进步。我保证寻求和支持能提高教育和教学质量的政策并提供所有热爱教育的人一切机会去帮助他们达到至善。

我决心不断努力以赶上或超过我所希望培养的素质，并坚持和永远尊重一个有纪律的、文明的以及自由的民主生活方式。我认识到有时我的努力可能会冒犯特权和有地位的人，我也认识到我将会受到偏见和等级捍卫者们的反对，我还认识到我将不得不遇到那些有意使我感到灰心、使我丧失希望的争论。但是，我将仍然忠于这一信念——这些努力和对目标的追求使我坚信它与我的职业是相称的，这一职业也是与人民自由相称的。

在这次大会的所有人面前，我庄严宣誓，我将恪守这一誓言。

湖北一所初级中学的教师誓言

教育，我所从事的神圣事业；教书育人，我所承载的庄严使命。作为人民教师，我宣誓：

我将抱定宗旨，履行教师义务。志远行近，博文约礼，砥砺德行，为人师表。以高尚人格感化学生；以博爱之心对待学生；以博学之才服务学生，促进他们健康快乐地成长。

爱生如子，爱校如家，爱学如痴。做学生人生发展的有效引领者；做教育改革和学校发展的主动参与者；做终身学习的积极实践者。勇敢面对各种困难和挑战，与同事们携手向前，践行教育追求和人生理想，促进每个孩子成人成才。

江苏一所高级中学的教师誓言

教育，是我们无悔的选择；教师，是我们骄傲的称号；育人，是我们神圣的职责。我们将全身心地投入神圣的工作，用爱心去塑造，用真情去感化，用榜样去激励，用人格去熏陶。

我们既然已经选择了教育，便决心勇往直前，用现代的理念武装自己，用自己的人格去感染学生，尊重热爱每一位学生，甘愿为学生奉献我们的一切！

我们将永存从教之心，以弘扬传播真善美为己任，高扬理想的风帆，让自己的价值体现在学生沉甸甸的收获里，让我们的成就熔铸在学生们人生的辉煌中！

我们立志成为一名最普通的人民教师，努力从每一个细小的教育环节做起，渴望用知识与责任播撒阳光，奉献社会，报效祖国！

我愿成为一个探索者，在教育这座大山里攀登新的高峰，永无

止境；我愿化作一丝春雨，用爱去滋润学生的心灵，永不后悔；我愿是一个真诚的朋友，站在自己的高度为学生指明航向，并教学相长。让每个孩子都拥有快乐成功的人生，是我毕生执著的追求！

作为青年教师，以青春的名义宣誓：我们将以最饱满的热情、最昂扬的斗志、最刻苦的精神、最坚忍的毅力，脚踏实地、勤奋钻研、全力以赴、不弃不馁。山高人为峰，努力定成功！

只要心中有爱，胸中有热情，脚下有热土，我愿意用青春和生命书写两个字：教师！

我们始终忠诚于人民的教育事业，锐意改革，无私奉献，团结进取，荣辱与共。

以校为荣，育人为先，心有学生，终生无悔。为了学校的发展，我们将竭尽全力；为了学生的未来，我们愿意全力付出。竭尽所能，全力以赴，奋勇拼搏，直至胜利。

我们将成为一个终身学习的倡导者、实践者和示范者，始终如一地努力钻研教学内容，用崇高的价值准则去引导学生不成熟的人生观。

第二节　知识结构评估

教师历来被称为人类灵魂的工程师，肩负着培养人才的重任。没有高素质的教师，培养高素质的人才就是一句空话。要想成为高素质的合格教师，适应21世纪基础教育改革和发展的要求，就需要教师对自己的知识结构进行评估，根据评估结果进行不断地补充和更新，以适应崭新的教育形势。

在进行知识结构的评估时，具体内容包括以下两个方面：

＊知识状况：比如，知识面宽不宽？哪些方面的知识多？哪些方面的知识少？教育教学活动中常常因为缺乏哪些知识而感到困难？读过多少书？对最新的知识和动态是否了解？

对于这些问题的回答，我们为你提供了一些可参照的框架，以便你更清晰和具体地界定自己在未来发展中所需要的知识。美国学者舒尔曼的教师知识框架，就是一种经常被使用的框架。

舒尔曼的教师知识框架：

◆一般教育理论知识

◆学科知识

◆学科教育知识

◆课程知识

◆有关学生的知识

◆有关教育背景的知识

◆有关教育目的、历史、价值观的知识

◆实践智慧

＊能力状况：哪些能力强？哪些能力弱？教育教学活动中常常因为缺乏哪些能力而感到困难？

能力一般分为两种，一般职业能力和特殊职业能力。一般职业能力包括注意力、观察力、记忆力、想象力、思维能力等，而教师作为一种特殊的职业，还要具备教育能力和扩展能力。

其中，教师的教育能力包括：

（1）教育预见能力：是指教师对学生的身心状况、课程内容以及其他影响因素和教育效果的估计能力。只有对学生和课程有

充分的了解和认识，你才能在教学过程中做到有的放矢，心中有数。

（2）教育传导能力：是指教师将处理过的信息向学生输出，使其作用于学生身心的能力。教育传导能力的核心是语言能力，包括口头表达能力和肢体语言能力。

（3）教师过程控制的能力：包括对学生发展的控制、对自己的控制、对情境的控制。

（4）教师的专业扩充能力：包括能把对自己教学的质疑和探讨作为进一步发展的基础；有研究自己教学的信念和技能；有在实践中对理论进行质疑和检验的意向；有准备接受其他教师来观察自己的教学，并能在理论和实践两个层面上对自己的教学情境进行意图与效果的说明。

教师的拓展能力是指改变事物的原有状态，扩大或开辟事物的发展途径的能力，它的本质是改革创新。具体包括：

（1）信息处理能力：表现为能广泛接收各种信息，并对接收到的信息进行处理，及时地转化为自己的东西，运用到教学中去。

（2）解决问题的能力：特指解决教育和教学中各种问题的能力。如解决学生的思想问题、解决同学间的矛盾等。

（3）创造能力：包括善于寻找有助于提高创造性的场景，提出探索、分析的问题，激发学生的求知欲等。

（4）决策能力：指教师是否能够做出正确决定的能力。

下面就让我们从特级教师李吉林老师的成长经历中，了解教师职业知识和能力所包含的基本成分。

40年前，我是一名师范生，走出师范的校门，便走进了小学，这一进去就是 40 年。青春年华、黄金岁月全给了小学生。不少师范生和年轻的老师常给我写信，要我传授做个好老师的"秘诀"。这秘诀就是 40 年磨的一句话：不断塑造自我，努力提高自身素质。

在自我塑造中，最重要的是心灵的塑造，这是对高尚精神境界的追求。我爱学生，学生也爱我。我把"教师"与"美好"联系在一起，把"育人"与"祖国"、"崇高"联系在一起；我鄙视低俗，警惕庸庸碌碌；摒弃颓废、消沉，追求真、善、美的境界；热爱和学生、青年教师在一起的生气勃勃的生活……虽然青春早已逝去，但是，我觉得我的心永远是年轻的。

这样的精神世界驱动着我，鞭策着我，不敢怠惰，不肯荒废，于是，我会为寻找孩子观察的野花，在郊外的河岸、田埂专心致志地识别、挑选；我会为优选孩子学习课文最佳的情境，在灯下静静地想着，画着，做着各种生动的而又是最简洁的教具，一遍又一遍地摆弄着，比划着，从不厌倦；我会为了让孩子第一次感知教材获得鲜明的印象，在家人熟睡的时候，一个人在厨房里练习"范读课文"；一场大雪后，我又会兴致勃勃地带着孩子们去找腊梅，去看望苍翠的"松树公公"，然后和孩子们在雪地上打雪仗。当孩子们把雪球扔中我，我笑得比孩子们还要开心，仿佛一下子年轻了几十岁。这些带着浓郁稚气的、甚至伴随着"痴情"的个性色彩也许不少人是不理解的，但却是当好小学老师需要的情怀，这也是一个教师的思想素质。具备了这样的思想素质，才能做到"诲人不倦"，"爱生乐教"。

当一个好老师除了要有较好的思想素质，还要有较高的业务素

质。我在读师范时，认真学好各门功课，还认真学画画、练美术字、参加诗歌朗诵会、创作舞蹈，我也很喜欢音乐，学指挥、练习弹琴，夏天在小小的琴房里练弹琴，尽管蚊子叮，浑身是汗，却乐趣无穷，整个身心都沉醉在琴声中了。这些在我后来的工作中发挥了很大的作用。我探索的"情境教学"，运用音乐、图画、表演等手段把学生带入情境，从某种意义上讲，也得益于当年在师范读书时打下的坚实基础。

在当教师之后，我一直注意继续提高自己的文化素养。可以说，我是在"小学里读大学"。我坚持每天黎明即起，坐在校园的荷花池畔背唐诗、宋词，背郭沫若、艾青、普希金、海涅、泰戈尔等中外名家的诗篇，用优美的诗篇来陶冶自己的情操，我摘抄的古今中外的优秀诗篇，就有厚厚的几本。晚上有计划地阅读鲁迅、茅盾等名家的著作，莎士比亚、契诃夫、列夫·托尔斯泰、果戈理、车尔尼雪夫斯基等世界文学巨匠的一批名著，就是那时利用业余时间阅读的。近20年来，为了搞教育科研我又如饥似渴地学习教育学、心理学和美学，还阅读了许多中外教育家的论述及国外教学实验的资料，做了不少卡片。

学习对一个教师来说是永无止境的追求。我常常用屈原的话来勉励自己，"路漫漫其修远兮，吾将上下而求索。"因此，我抓紧一切时间学习，还经常练笔。这些年来，无论是盛夏，还是寒冬，我常常谢绝许多邀请，专心在家伏案写作。把情境教学、情境教育实验上升到理论知识加以概括，实验成果得到许多专家领导的高度评价。但是，如果没有锲而不舍的精神是做不到这一步的。

延伸阅读　职业能力倾向测试

一般学习能力倾向

测评项目	强	较强	一般	较弱	弱
	1	2	3	4	5
快而容易的学习新的内容					
快而正确的解决数学题目					
你的学习成绩总处于					
对课文的理解、分析、综合能力					
对所学知识的记忆能力					

语言能力倾向

测评项目	强	较强	一般	较弱	弱
	1	2	3	4	5
善于表达自己的观点					
阅读速度和理解能力					
掌握词汇量的程度					
你的语文成绩					
你的文学创作能力					

算术能力倾向

测评项目	强	较强	一般	较弱	弱
	1	2	3	4	5
对物和量的抽象概括能力					
笔算能力					
口算能力					
打算盘					
你的数学成绩					

空间判断能力倾向

测评项目	强	较强	一般	较弱	弱
	1	2	3	4	5
解决立体几何方面的问题					
画三维度的立体几何					
看几何图形的立体感					
想象盒子展开后的平面形状					
想象三维度的物体					

形态知觉能力倾向

测评项目	强	较强	一般	较弱	弱
	1	2	3	4	5
发现相似图形中的细微差异					
识别物体的形态差异					
注意物体的细节部分					
观察图案是否正确					
对物体的细微描述					

文秘倾向能力

测评项目	强	较强	一般	较弱	弱
	1	2	3	4	5
快而准确的抄写材料					
发现错别字或计算错误					
能很快的查找编码卡片					
较长时间工作的能力					
一般应用文的写作能力					

眼手运动协调能力倾向

测评项目	强	较强	一般	较弱	弱
	1	2	3	4	5
玩电子游戏					
篮、排、足球运动					
乒乓球、羽毛球运动					
打算盘能力					
打字能力					

手指灵巧倾向

测评项目	强	较强	一般	较弱	弱
	1	2	3	4	5
灵巧的使用很小的工具					
穿针眼、编织等使用手指的活动					
使用手指做一件小工艺品					
使用计算器的灵巧程度					
弹琴（钢琴、电子琴、手风琴）					

手的灵巧倾向

测评项目	强	较强	一般	较弱	弱
	1	2	3	4	5
用手把东西分类					
在推拉东西时手的灵活度					
很快的削水果					
灵活的使用手工工具					
绘画、雕刻等手工活动的灵巧性					

计算方法：

（1）首先计算每次的平均分

每次的平均分＝〔（第1列选择次数之和×1）＋（第2列选择次数之和×2）＋（第3列选择次数之和×3）＋（第4列选择次数之和×4）＋（第5列选择次数之和×5)〕÷5

（2）将每一次的平均分填入下表

序号	一	二	三	四	五	六	七	八	九
项目	一般学习能力倾向	语言能力倾向	算术能力倾向	空间判断能力倾向	形态知觉能力倾向	文秘能力倾向	眼手运动协调能力倾向	手指灵巧倾向	手的灵巧倾向
平均分									

结果分析：各种职业对你的职业能力倾向的要求

职业	一	二	三	四	五	六	七	八	九
生物学家	1	1	1	2	2	3	3	2	3
	★	★	★	★					
建筑师	1	1	1	1	2	3	3	3	3
	★	★	★	★	★		★	★	
测量员	2	2	2	2	2	3	3	3	3
	★		★	★	★		★	★	
制图员	2	3	2	2	2	3	2	2	3
	★		★	★	★	★		★	
建筑和工程技术专家	2	2	2	2	2	3	3	3	3
	★	★	★	★	★				
物理科学技术专家	2	2	2	2	3	3	3	3	3
	★	★	★	★	★				
农业，生物专家	2	2	2	4	2	3	3	2	3
					★				★
数学家和统计学家	1	1	1	3	3	2	4	4	4
	★	★	★	★		★			

职业	一	二	三	四	五	六	七	八	九
计算机程序员	2	2	2	2	3	3	4	4	4
	★	★	★	★		★			
经济学家	1	1	2	2	2	3	4	4	4
	★	★		★	★				
心理学家	1	1	2	2	2	3	4	4	4
	★	★	★		★	★			
历史学家	1	1	3	4	4	3	4	4	4
	★	★		★					
政治经济学家	2	2	2	3	3	3	3	3	3
	★	★	★			★			
社会工作者	2	2	3	4	4	3	4	4	4
	★	★						★	
法官和律师	1	1	3	4	3	3	4	4	4
	★	★							
公证人	2	2	3	4	4	3	4	4	4
	★	★		★				★	
图书管理专家	2	2	3	3	4	2	3	4	4
	★	★					★		
职业指导者	2	2	3	4	4	3	4	4	4
	★	★						★	
大学教师	1	1	3	3	2	3	4	4	4
	★	★				★	★		
中学教师	2	2	3	4	3	3	4	4	4
	★	★	★					★	
小学和幼儿园教师	2	2	3	3	3	3	3	3	3
	★	★	★					★	
内、外、牙科医生	1	1	2	1	2	3	2	2	2
	★	★		★	★				

第二章 全面符实的评估

续表

职业	一	二	三	四	五	六	七	八	九
兽医学家	1	1	2	1	2	3	2	2	2
	★	★		★	★		★	★	
营养学家	2	2	2	3	3	3	4	4	4
	★	★	★				★		
药物实验技术专家	2	2	2	3	2	3	3	3	3
	★	★	★				★		★
画家、雕刻家	2	3	4	2	2	5	2	1	2
	★	★		★	★		★	★	★
产品设计师	2	2	3	2	2	4	2	2	3
	★	★		★	★			★	★
舞蹈家	2	3	3	2	3		2	3	3
	★	★		★			★		
播音员	2	2	3	4	4	3	4	4	4
	★	★							
作家和编辑	2	1	4	4	4	3	4	4	4
	★	★					★		
翻译人员	2	1	4	4	4	3	4	4	4
	★	★							
体育教练员	2	2	2	4	4	3	4	4	4
	★	★	★						
秘书	3	3	3	4	3	2	3	3	3
	★	★				★	★	★	★
商业经营管理人员	2	2	3	4	4	3	4	4	4
	★	★	★				★		
统计人员	3	2	2	4	3	2	3	3	4
	★		★			★	★		

第三节　人格特征评估

俄国著名教育家乌申斯基在谈及教师的人格力量时指出，在教师工作中，一切都应该建立在教师人格的基础上。因为只有从教师人格的活的源泉中，才能涌现出教育的力量。他并且认为，没有教师对学生的直接的人格方面的影响，就不可能有深入性格的真正教育工作。只有人格能够影响人格的发展和形成。可见，教师的人格是教师职业最重要的本质特征。

一个优秀教师的人格特征主要体现在情感特征、意志特征和领导方式等方面。

（一）教师的情感特征

教育工作是一种富有情感色彩的工作。如果一个教师情感贫乏、冷若冰霜，那他就不可能做好教育工作，也不可能成为一名优秀教师。优秀教师的情感特征一般表现为以下四个方面的特点。

1. 爱岗敬业，积极进取

主要表现为教师对教育事业无限地热爱与忠诚，在教育工作中保持积极热情的态度，高度的责任感、义务感、荣誉感和自豪感，并乐意把自己的一生奉献给为祖国培养下一代的崇高事业。

2. 热心和幽默

安全、有益的学习环境能间接促进学生的学习。为给学生建立一个支持性的、轻松的、令人满意的课堂学习环境，教师的热心和幽默是一个很重要的因素。

热心的教师，会经常微笑，对学生的点滴进步表示赞赏；对学生及学生感兴趣的问题感兴趣，并向学生表现出自己的个性、喜好和意见；鼓励学生接近自己，向自己敞开心扉；将学生的意见、感觉、想法主动纳入自己的教育教学中；愿与学生一起解决问题，并帮助学生取得成功。这样的课堂关系是积极向上的。

幽默不仅抵消紧张，而且能让学生感受到教师的自信与安全感，促进信任，减少学生不良行为的发生。课堂上，当教师不自觉出了错误时，不要掩盖，轻松自然地承认自己的错误，并诚心向学生学习，会更加融洽师生关系。对课上的突发事件，教师机智地幽默一下，会活跃课堂气氛，更吸引学生学习注意力。讲课中，教师也可有意引入一些有趣的话题，将内容与幽默巧妙地结合起来，会使这节课教得更有效。

3. 热爱学生，关注每一个学生的成长

热爱学生是教师的天职，是做好教育工作的基础和前提。首先，爱是教育的感情基础。爱是人的天性，是人们身上普遍存在的一种心理需要。孩子出生后，最先得到的是父母之爱，进入学校后，教师成了他们生活中最重要的人物，"爱"的要求也自然转到教师身上。许多孩子对于"师爱"的反应甚至比母爱、父爱还要强烈。儿童对教师有一种特殊的依恋心理，他们的一举一动都渴望得到教师的肯定和赞许。教师的一言一行，即使是信任地点点头，也会给孩子以莫大的安慰和鼓励。在孩子的心目中，教师的形象是高大的，来自教师的爱更值得珍视，所以尊敬教师、听从教师的教诲，可以说是学生的共同心理特点。

外国一位教育家曾深有体会地说，最好的小学教师并不是传授知识最多的教师，而是最热爱自己学生的教师。教师如果没有爱，就谈不上对学生真正的教育。这一点对于小学教师来说是更重要的。作为一位人民教师，应该热爱、尊重和了解自己的学生，因为只有热爱他，才能关心他；尊重他，才能要求他；了解他，才能教育他。

其次，爱的交流是做好教育工作的前提。教师的工作对象不是毫无生气、静止不动的自然材料，而是有思想、有个性、有血有肉的活生生的社会人。在教育过程中，师生之间每时每刻都在进行着心灵的接触，教师的要求和意见如果被学生认作是出于对他们的关怀和爱护，则在他们的情感上就会产生肯定的倾向而被愉快地接受。相反，同样的要求和意见，假如被学生认作是教师故意的作难，他们就会紧闭心灵的大门，无动于衷，严重的还会引起抵触情绪和对抗行为。可见，师生之间的信任和友爱对教育工作的影响是很大的。

教师对学生一贯而真诚的爱是师生间信任的基础，也是使学生作出良好"反作用"的前提。同时，教师的爱是学生产生积极的情绪体验的一个重要源泉。实践证明，当教师主动接近学生，一次次待以真情实意时，爱的暖流就会在学生渴望着的心田里激荡，引起"回流"，并由此产生"交流"和"合流"。学生受到感动、感染和感化，便会产生对教师的亲近感和敬慕心理，从而使师生间的思想贯通，关系协调。学生对教师愈加信赖，教师的要求就愈容易被学生所接受。

值得注意的是，教师对学生的爱应是面向全体学生的泛爱。正如教育家陶行知所说"爱满天下"，就是要求教师要爱护每一个学生，无论他的家庭背景好坏，他的长相美丑，甚至他的道德品行优劣，教师都要真诚地关心和爱护他。教师对学生的爱，无疑是洒向

每一个学生的道义上的泛爱。然而，在教育教学过程中，对优秀的、乖巧的和生理上没有缺陷的学生施之以爱是容易被教师所接受的，也是容易做到的，而对在道德上、行为上有缺陷的学生的爱却难以做到。这种不能做到在道德上一视同仁的"爱"，不是真正的"师爱"；"爱"应是面向全体学生的泛爱，而不是偏爱。

4. 情绪稳定，充满自信

这是在所有优秀教师身上共同表现出来的心理素质和心理特征，也是他们做好工作的基本前提和条件。特别是小学教师，他们的工作对象是活泼好动、瞬息即变的小学生，他们时常会遇到一些自己意想不到的富有情绪色彩的事件，这就需要教师保持一种稳定的情绪，充满着自信，才能冷静地处理好学生中出现的问题。有人调查了欧美102名优秀教师对自己的看法后发现，这些教师具有的共同的特点是，相信自己的能力，也确信教师工作的价值，具有乐观、积极的自我形象，自尊而不自卑。国内也有大量研究证实，情绪稳定、充满自信是优秀教师必备的素质。

（二）教师的意志特征

小学教师的工作是复杂、琐碎、细致而艰苦的劳动，没有充沛的精力和百折不挠的坚强意志是难以胜任的。教师良好的意志品质主要表现在以下几方面。

1. 目的明确，执著追求。教师要搞好教育教学工作，一定要具有明确的目的性和努力达到目的的坚定意向。现实中，大量优秀教师在教育教学乃至科研中都会碰到各种各样的困难和障碍，正是由于他们具有明确的目的性和执著追求，才激发他们披荆斩棘，排除万难，去获得成功。

2. 明辨是非，坚定果断。教师具备了这一品质，才使教师在面对各种复杂的情况和问题时，保持清醒的头脑，对问题有周密的思考和分析，以利于迅速地作出抉择。

3. 处事沉稳，自制力强。"教师的这门职业要求于一个人的东西很多，其中一条就是要求自制。"在教育过程中，教师常会为一些不如意的事情而感到苦恼，甚至产生急躁情绪。在这种情况下，特别需要教师沉着、自制、有耐心。教师沉着从容，处事不惊，学生自然会受到感染和触动，心悦诚服地接受和配合。对于年幼的小学生来说，教师的沉稳和自制尤其重要，因为小学生往往会因教师的耐心、和蔼感到安全，也会因教师的不耐心、粗暴感到不安和害怕。因此，善于调节和控制自己的心理与行为，对于小学教师来说极为重要。

4. 充沛的精力和顽强的毅力。学校工作事无巨细，样样有教育。小学教师在承担启蒙教育和全面培育学生成才的繁重任务中，要像妈妈一样关注孩子的朝夕和点滴，如果没有充沛的精力和顽强的毅力，是难以胜任其工作的。所以要求教师要不断加强自身素质的锻炼和磨炼，以主动适应教师工作的要求。

（三）教师的领导方式

教师的领导方式对一个班集体的风气有决定性影响，另外对课堂教学气氛、学生的社会学习、态度和价值观、个性发展以及师生关系也有不同程度的影响。李比特（R. Lippit）和怀特（R. K. White）在 1939 年所做的经典性实验，概括了教师的四种领

导方式和可以导致的各种结果（见下表）。

教师领导方式的类型、特征及学生的反应

领导方式类型	领导方式的特征	学生对这类领导方式的典型反应
强硬专断型	1. 对学生时时严加监视 2. 要求即刻接受一切命令——严厉的纪律 3. 他认为表扬会宠坏儿童，所以很少给予表扬 4. 认为没有教师监督，学生就不能自觉学习	1. 屈服，但一开始就厌恶和不喜欢这种领导 2. 推卸责任是常见的事情 3. 学生易激怒，不愿合作，而且可能在背后伤人 4. 教师一离开课堂，学生就明显松垮
仁慈专断型	1. 不认为自己是一个专断独行的人 2. 表扬学生，关心学生 3. 他的专断的症结在于他的自信，他的口头禅是"我喜欢这样做"或"你能让我这样做吗" 4. 以我为班级一切工作的标准	1. 大部分学生喜欢他，但看穿他这套办法的学生可能恨他 2. 在各方面都依赖教师——在学生身上没有多大创造性 3. 屈从，并缺乏个人的发展 4. 班级的工作量可能是多的，而质也可能是好的
放任自流型	1. 在和学生打交道时，几乎没有什么信心，或认为学生爱怎样就怎样 2. 很难作出决定 3. 没有明确的目标 4. 既不鼓励学生，也不反对学生；既不参加学生的活动，也不提供帮助或方法	1. 不仅道德差，学习也差 2. 学生中有许多"推卸责任"、"寻找替罪羊"、"容易激怒"的行为 3. 没有合作 4. 谁也不知道应该怎么做
民主型	1. 和集体共同制订计划和作出决定 2. 在不损害集体的情况下，很乐意给个别学生以帮助、指导和援助 3. 尽可能鼓励集体的活动 4. 给予客观的表扬与批评	1. 学生喜欢学习，喜欢同别人尤其喜欢同教师一道工作 2. 学生工作的质和量都很高 3. 学生互相鼓励，而且独自承担某些责任 4. 不论教师在不在课堂，需要引起动机的问题很多

在我国，尽管这四种模式中前三种缺乏普遍的代表性，但是也确有部分教师缺乏事业心和责任感，对学生采取不负责任、放任自流的态度。也有部分教师虽有责任感，但由于缺乏教育科学知识和理论，在日常的教育教学过程中，不能较好地尊重学生的独立性、自尊心和人格，对学生采用高压专横的态度，强迫学生服从教师本人的意志等。这显然不利于小学生的身心发展和成长。相比较，民主型的领导方式是理想的。

加拿大学者伯恩（Berne）从人格结构中提出了教师领导方式的影响差异。他认为，个体的人格结构一般由 P、A、C 三态构成。P（parent）是父母态，A（adult）是成人态，C（child）是儿童态。但个体之间的人格结构的主导态度是有差异的，以父母态度为主的教师有明显的优越感和权威感，往往凭主观印象办事，独断专横，滥用权威。在课堂里常常使用"你必须……"、"你决不可……"之类的命令口吻，学生无主动参与教学过程的余地，只是为了记住知识而已。以成人态度为主的教师具有客观和理智的特征，善于根据过去的经验估计各种可能性，然后作出决策。他们喜欢说："我个人的想法是……"学生的思维没有限定的框框。以儿童态度为主的教师则常像儿童那样冲动，教育学生无甚主见，遇事畏缩，优柔寡断，或者感情用事，激动愤懑，讲话都是"我猜想……"、"可能是……"。很明显，P 型人格结构和 C 型人格结构的教师都不利于学生能动地发展，A 型人格结构的教师则有可能取得理想的教学效果。

延伸阅读　霍兰德职业人格能力测验问卷

第一部分　您愿意从事下列活动吗?(是? 否?)

1. 装配修理电器或玩具。

2. 修理自行车。

3. 用木头做东西。

4. 开汽车或摩托车。

5. 用机器做东西。

6. 参加木工技术学习班。

7. 参加制图描图学习班。

8. 驾驶卡车或拖拉机。

9. 参加机械和电气学习。

10. 装配修理电器。

11. 素描/制图或绘画。

12. 参加话剧戏曲。

13. 设计家具布置室内。

14. 练习乐器/参加乐队。

15. 欣赏音乐或戏剧。

16. 看小说/读剧本。

17. 从事摄影创作。

18. 写诗或吟诗。

19. 进艺术(美/音)培训班。

20. 练习书法。

21. 读科技图书和杂志。

22. 在试验室工作。

23. 改良品种，培育新水果。

24. 分析土和金属等的成分。

25. 研究自己选择的问题。

26. 解算式或数学游戏。

27. 学物理课。

28. 学化学课。

29. 学几何课。

30. 学生物课。

31. 学校或单位的正式活动。

32. 参加社会团体或俱乐部。

33. 帮助别人解决困难。

34. 照顾儿童。

35. 晚会、联欢会、茶话会。

36. 和大家一起出去郊游。

37. 获得心理方面的知识。

38. 参加讲座会或辩论会。

39. 观看或参加体育比赛。

40. 结交新朋友。

41. 说服鼓动他人。

42. 卖东西。

43. 谈论政治。

44. 制订计划、参加会议。

45. 影响别人的行为。

46. 在社会团体中任职。

47. 检查与评价别人的工作。

48. 结识名流。

49. 指导项目小组。

50. 参与政治活动。

51. 整理好桌面和房间。

52. 抄写文件和信件。

53. 为领导写报告或公函。

54. 查收个人收支情况。

55. 参加打字培训班。

56. 参加算盘、文秘等培训。

57. 参加商业会计培训班。

58. 参加情报处理培训班。

59. 整理信件、报告、记录等。

60. 写商业贸易信。

第二部分　您具有擅长或胜任下列活动的能力吗?(是? 否?)

61. 能使用电锯、电钻和锉刀等木工工具。

62. 知道万用表的使用方法。

63. 能够修理自行车或其他机械。

64. 能够使用电钻床、磨床或缝纫机。

65. 能给家具和木制品刷漆。

66. 能看建筑等设计图。

67. 能够修理简单的电气用品。

68. 能够修理家具。

69. 能修收录机。

70. 能简单地修理水管。

71. 能演奏乐器。

72. 能参加二部或四部合唱。

73. 独唱或独奏。

74. 扮演剧中角色。

75. 能创作简单的乐曲。

76. 会跳舞。

77. 能绘画、素描或书法。

78. 能雕该刻、剪纸或泥塑。

79. 能设计海报、服装或家具。

80. 写得一手好文章。

81. 懂得真空管或晶体管的作用。

82. 能够举例三种含蛋白质多的食品。

83. 理解铀的裂变。

84. 能用计算尺、计算器、对数表。

85. 会使用显微镜。

86. 能找到三个星座。

87. 能独立进行调查研究。

88. 能解释简单的化学式。

89. 理解人造卫星为什么不落地。

90. 经常参加学术的会议。

91. 有向各种人说明解释的能力。

92. 常参加社会福利活动。

93. 能和大家一起友好相处地工作。

94. 善于与年长者相处。

95. 会邀请人招待人。

96. 能简单易懂地教育儿童。

97. 能安排会议等活动顺序。

98. 善于体察人心和帮助他人。

99. 帮助护理病人或伤员。

100. 安排社团组织的各种事务。

101. 担任过学生干部并且干得不错。

102. 工作上能指导和监督他人。

103. 做事充满活力和热情。

104. 有效地用自身的做法调动他人。

105. 销售能力强。

106. 曾作为俱乐部或社团的负责人。

107. 向领导提出建议或反映意见。

108. 有开创事业的能力。

109. 知道怎样做能成为一个优秀的领导者。

110. 健谈善辩。

111. 会熟练地打印中文。

112. 会用外文打字机或复印机。

113. 能快速记笔记和抄写文章。

114. 善于整理保管文件和资料。

115. 善于从事事务性的工作。

116. 会用算盘。

117. 能在短时间内分类和处理大量文件。

118. 能使用计算机。

119. 能搜集数据。

120. 善于为自己或集体作财务预算表。

第三部分　您喜欢下列的职业吗?（是? 否?）

121. 飞机机械师。

122. 野生动物专家。

123. 汽车维修工。

124. 木匠。

125. 测量工程师。

126. 无线电报务员。

127. 园艺师。

128. 长途公共汽车司机。

129. 火车司机。

130. 电工。

131. 乐队指挥。

132. 演奏家。

133. 作家。

134. 摄影家。

135. 记者。

136. 画家、书法家。

137. 歌唱家。

138. 作曲家。

139. 电影电视演员。

140. 节目主持人。

141. 气象学或天文学者

142. 生物学者。

143. 医学实验室的技术人员。

144. 人类学者。

145. 动物学者。

146. 化学者。

147. 数学者。

148. 科学杂志编辑或作家。

149. 地质学者。

150. 物理学者。

151. 街道工会或妇联干部。

152. 小学、中学教师。

153. 精神病医生。

154. 婚姻介绍所工作人员。

155. 体育教练。

156. 福利机构负责人。

157. 心理咨询员。

158. 共青团干部。

159. 导游。

160. 国家机关工作人员。

161. 厂长。

162. 电视片编制人。

163. 公司经理。

164. 销售员。

165. 不动产推销员。

166. 广告部长。

167. 体育活动主办者。

168. 销售部长。

169. 个体工商业者。

170. 企业管理咨询人员。

171. 会计师。

172. 银行出纳员。

173. 税收管理员。

174. 计算机操作员。

175. 簿记人员。

176. 成本核算员。

177. 文书档案管理员。

178. 打字员。

179. 法庭书记员。

180. 人口普查登记员。

第四部分　请评定您在下述各方面的能力等级：

【注：请先将自己与同龄人在相应方面的能力做比较，然后经斟

酌后做出评定。评定共分7级（1、2、3、4、5、6、7），数字越大表示能力越强。】

181. 你的机械操作能力等级为（1~7）：

182. 你的艺术创作能力等级为（1~7）：

183. 你的科学研究能力等级为（1~7）：

184. 你的解释表达能力等级为（1~7）：

185. 你的商业洽谈能力等级为（1~7）：

186. 你的事务执行能力等级为（1~7）：

187. 你的体力技能等级为（1~7）：

188. 你的音乐技能等级为（1~7）：

189. 你的数学技能等级为（1~7）：

190. 你的交际能力等级为（1~7）：

191. 你的领导能力等级为（1~7）：

192. 你的办公技能等级为（1~7）：

评分提示：

R 现实型（与物打交道）1~10；61~70；121~130；181~182

A 艺术型（情感表达与创作工作）：11~20；71~80；131~140；183~184

I 探究型（思考和解决问题）：21~30；81~90；141~150；185~186

S 社会型（与人打交道）：31~40；91~100；151~160；187~188

E 企业型/进取型（影响和控制他人）：41~50；101~110；161~170；189~190

C 常规型（与信息、规范打交道）：51～60；111～120；171～180；191～192

第四节　环境评估

分析和评估环境，是为了了解环境的特点，找出对自己的职业发展有利和不利的方面，从而确定自己的职业目标和成长发展的路径。

对环境的分析和评估主要包括以下三个方面：

一、社会环境

作为一名教师，在开始自己的生涯规划之前，首先要对社会环境进行如下的思考和追问：

我处在一个什么样的时代？当代的政治、经济、社会、科技、文化有什么样的特点？这些特点对我的职业和工作提出了哪些要求？提供了什么样的有利条件？提出了哪些挑战？这给目前的工作和发展带来了什么机遇？本地区的社会环境有什么特点？对自己的工作和发展有什么样的影响？

一名教师处于不同的社会环境，职业生涯发展的目标、任务、速度、感受也会不同。目前教师所处的社会环境，是新中国成立以来教师职业发展最好的时期，教师的职业价值、地位、前途、方向都非常到位、清晰，为教师的成长与发展提供了广阔的社会背景。

当前，新课程的实施，对于广大教师而言，既是一个机遇，又是一个挑战。新课程在促进学生全面发展的同时，也为教师自身的

发展提供了一个良好的平台。然而，新课程给教师带来的挑战也是前所未有的，在课程功能、课程结构、课程内容、教学方式、评价方式等方面发生了很大变化。

面对新课程改革的挑战，作为教师的你必须转变教育观念、教育方式、教学行为等，以适应改革的大潮。

由"权威"向"非权威"转变

新课程允许教师在某些知识领域有不懂的问题，而不是绝对的权威。教师可以向学生学习，可以向学生承认自己不懂的问题，可以请学生帮助解决教学中的疑难。教师不应该以"知识的权威"自居，而应该与学生建立一种平等的师生关系，让学生感受到学习是一种平等的交流，是一种享受，是一种生命的呼唤。

由"指导者"向"促进者"转变

教师要成为学生学习的促进者，而不仅仅是指导者，要变"牵着学生走"为"推着学生走"，要变"给学生压力"为"给学生动力"，用鞭策、激励、赏识等手段促进学生主动发展。

由"导师"向"学友"转变

新课程倡导"专家型"教师，但不提倡教师站在专家的高度去要求学生。教师要有甘当学生的勇气，与学生共建课堂，与学生一起学习，一起快乐，一起分享，一起成长。教师不仅要是学生的良师，更要是学生的学友。

由"灵魂工程师"向"精神教练"转变

长期以来，人们把教师比作"人类灵魂的工程师"。其实教师不应该当学生灵魂的设计者，而应该当学生灵魂的铸造者、净化者。教师要成为学生"心智的激励唤醒者"而不是"灵魂的预设者"，要成为学生的"精神教练"。

由"信息源"向"信息平台"转变

传统的教学缺乏师生互动，更缺乏生生互动，教师是学生取之不尽的"知识源泉"。在新课程中，教师不仅要输出信息，而且要交换信息，更要接受学生输出的信息。教师要促成课堂中信息的双向或多向交流，因而教师要成为课堂中信息交换的平台。

由"一桶水"向"生生不息的奔河"转变

新课程中，教师原来的一桶水可能已经过时，随着时代的变化，知识经济时代已经到来，这就需要教师的知识必须不断的更新，教师要成为"生生不息的奔河"，这样才能引导学生寻到知识的甘泉。

由"挑战者"向"应战者"转变

新的课堂不仅仅是教师向学生提出一系列问题，让学生解决问题，它要求教师引导学生自己去提出问题，因而常常会有学生向教师提出问题，这便是对教师的挑战，这就要求教师成为能随时接受学生挑战的应战者。

由"蜡烛"向"果树"转变

中国的传统文化把教师比作"春蚕"、"蜡烛"，不管是春蚕还是蜡烛总是在奉献给客体的同时而毁灭掉主体。新时代的教师不能再做"春蚕"或"蜡烛"，而应该在向社会奉献的同时不断地补充营养，成为常青的"果树"。

由"统治者"向"平等中的首席"转变

新课程中教师不能再把课堂视为自己的课堂，而应该把课堂还给学生。教师不能再做课堂的统治者，因为统治者总免不了令人

"惧怕"。教师应该从统治的"神坛"上走下来，与学生融为一体，与学生站在同一个平台上互动探究，在平等的交流中做"裁判"，在激烈的争论中做"首席"。

由"园丁"向"人生的引路人"转变

"园丁"是令人尊敬的，但"园丁"又是令人遗憾的。因为园丁把花木视作"另类生命"，园丁在给花木"浇水、施肥"的同时，还要给它们"修枝"、"造型"，他们是按照园丁自己的审美标准把花木塑造出来供人们欣赏，在园丁看来不合自己情趣的"歪枝"、"残枝"是可以"判死刑"的，他们可以随意"修剪"，培育出以曲为美的"病梅"来。然而教师与学生的生命同源，因此教师不能随意"炒作"学生，应该允许学生的缺点存在，允许奇才、偏才、怪才、狂才的发展，这就要求教师应该是学生成长的引路人，给学生以人生导向。

二、学校环境

你现在的学校是一个什么类型和水平的学校？它有哪些有利条件和不利条件？它给你的工作和发展带来什么样的影响？对有利的条件，你是否充分利用了？对不利条件，你能否克服和避免？学校的物质环境、人际关系环境、信息环境如何？

同样水平的教师在不同的学校里教学，经过若干年的发展，肯定有很大的差别。选择好学校固然重要，但充分利用学校现有的发展资源亦同样重要。学校的发展资源主要包括学校的运行制度、学校的办学思路、可开发的课程资源和学校教师的总体素质等。

学校的发展环境可以从两个层面加以把握：首先，学校的发展潜力，即学校里有哪些东西是基本不会改变的，有哪些东西是近期内可以改变的，有哪些东西是今后必然会改变的；其次，个人可获得的发展资源，比如，这是一个重视科研的学校，那么个人就可以获得更多的进行教育教学实验的机会。

一所学校如果具有宽松、宽容、开明、开放的文化场，能搭建教师发展的平台，盘活激励机制，那么身处其间的教师将会在身心愉悦的同时获得自主的发展，其敬业精神、知识能力、教育智慧都会得到提升。反之，一所集权式管理的学校，缺少发展的意识和行动，势必造成人心的涣散和不思进取，管理的落伍甚至倒退。

学校组织作为一种教育环境，不仅影响着学生的成长，也直接影响着教师的发展。教师的成长过程是一个不断利用外部资源和条件进行优势积累的过程，学校的组织环境对教师的发展有着强大的辐射作用，在较高层次上规范着教师的思想行为。其中学校组织环境，如：各种条例和规章制度、行为规范、组织纪律等等，在客观上为教师的自主发展起着保障和支撑作用。

三、家庭环境

你的家庭环境。原来的家庭是什么家庭？它给你的成长带来了什么样的影响？配偶对你的工作是否支持？家庭的经济条件和文化氛围对你的工作与发展有什么样的影响？你能否克服不利的影响？

人的一生有很多工作外的领域，其中家庭最为重要。家庭不仅仅是个人感情与欲望满足的地方，它在你的工作中也扮演着重要的角色。个人与家庭的任何大的变故都会对个人的职业生涯造成一定

的影响。再者，因为教师工作在时间和空间上的延伸性，工作与生活之间的界限变得模糊，容易使工作与家庭二者矛盾明显化。当职业生活与家庭对立，甚至是竞争时，你的教师职业生涯将受到重大影响；当职业生活获得了家庭的支持和帮助，或者确立了一致的关系，职业生活的轻松感和创造性才会表现出来。

第三章　客观准确的目标定位

你的职业目标是什么？什么样的目标才是真正适合你的？你该如何实现这些目标？……没有目标，就谈不上职业生涯的规划；没有目标，就很难有真正的发展动力。客观而准确的目标，是指引你走向成功彼岸的灯塔。

第一节　没有目标便不会有生涯的成功

哲学家爱默生说："当一个人知道他的目标去向，这世界是会为他开路的。"

1953 年，有人对耶鲁大学应届毕业生进行了一份问卷调查。统计结果是，3％的学生有明确的目标并写成了文字，97％的学生基本上没有明确的目标。20 年后的 1973 年，追踪所有参加过问卷调查的学生的现状，结论使追踪者十分吃惊，当年那 3％的人拥有财富的总和比 97％的人的财富的总和还多得多。可见，20 年前目标的有无决定了 20 年后被调查者的命运。

无独有偶，哈佛大学有一个非常著名的关于人生目标影响的跟踪调查。被调查对象是一群智力、学历、环境等条件都差不多的年轻人，调查结果显示：3％的人有清晰且长远的目标，25 年来他们从未改变过自己的目标，总是朝着一个方向不懈地努力，25 年后，

65

他们几乎都成为社会各界的成功人士，不乏企业家、行业领袖、社会精英。

10％的人有清晰的短期目标，他们的共同点是：不断完成预定的短期目标，且累积完成中期目标，其生活状态步步上升，25年后，他们成为各行各业不可或缺的专业人士，如医生、律师、工程师，等等。

他们中60％的人目标模糊，这些人能安稳地生活与工作，但都没有什么特别的成绩。剩下的27％，是那些25年来都没有目标的人群，他们几乎都生活在社会的最底层。他们生活得很不如意，常常失业，靠社会救济，并且常常都在抱怨他人，抱怨社会。

上述两个调查都充分说明了有无目标对一个人而言是非常重要的，它可以为你找出方向，可以使你的生命在有限的时空里冲破极限，并最大限度地释放能量。可以这么说，成功的人必是目标意识强的人。

古人云："凡事，预则立，不预则废。""预"其实是一种精神状态，积极的态度对行动及其结果的影响是人所共知的，所以作为教师的你主动为职业生涯设定明确的目标对专业发展的促进作用不言而喻。

下面就让我们一起来看看特级教师陆廷荣老师的故事，来感受远大目标对教师职业生涯的深远影响。

二十多年光阴如白驹过隙，二十多年教坛履痕却历历在目。回顾这些年来所走过的一串串深浅不一的足迹，我欣慰：在教育的圣土上，我距我所追求的远大目标渐行渐近……

做教师纯属偶然，我从小学到高中学习成绩一直出类拔萃，然而在高考中我却走进了师专的大门。在大学的三年，我深陷于怀才不遇的苦闷当中，但心中还有一个梦想：考研。

毕业后，我进入一所农村学校，在这里我暗暗下定决心，一定要通过考研离开这里，没想到在职教师工作三年方可报考，我离开教育岗位的希望破灭了。

在一次同学聚会中，了解到大家好多都已经转行，有些还下了海，掘到了第一桶金。整个聚会就在我的羡慕与懊恼中结束了。

在这之后，我又不断风闻同学下海、发财的消息，心情更加抑郁。一天晚上，母亲走进我的房间，向我述说了一件至今都让我刻骨铭心以致后来改变我一生命运的事。她说我父亲好歹也是吃国家粮的，这些年来他一直犯哮喘病，按照规定，他的一切医疗费用都可以报销，可父亲却常常自己掏钱买药。他说，作为一个普通工人，国家给予他的已经太多太多，按理说应该报答国家，可因为生病，这些年来已经花了国家很多钱，他总觉得自己对不住国家，希望儿女将来能替自己为国家尽这份责任。

母亲的一席话让我潸然泪下，就是在那一刻，我做了一个郑重的选择：既然今生注定我物质上不能富有，那么我就一定要在精神上做个富有的人；既然教师职业选择了我，我就应该踏踏实实做一名好教师。在理想与现实之间徘徊多时的一颗心终于安定下来。

其后的道路虽然走得苦乐参半，但我的教育信念却再也没有动摇过。因为有信念，我在后来的人生道路上才能甘于寂寞，放弃一个个节假日，让孤灯清影伴我走过春夏秋冬；因为有信念，我才能守住清贫，任屋外灯红酒绿，我独守三尺讲台；因为有信念，我才能抵制诱惑，任凭东西南北风，我始终咬住青山不放松；因为有信

念，我才能克服困难，纵然是遍体鳞伤，我却胜似闲庭漫步。

……

这二十几年来，我是取得了一些成就，我深知成功来之不易，但我更懂得在教育这条漫长而曲折的道路上，我其实才迈出了一小步，我离我的理想目标还很远，但我会矢志不渝地朝这个方向努力。我会竭尽一辈子精力，在教育的苦乐之间继续实践与探索，因为今天在我的心中，教育事业早已成了一生的最爱。

陆老师度过了二十多年的教坛生涯，他的职业生涯初期的经历也颇为曲折，好在父母的帮助让他摆正了位置，树立了远大的目标，明确了自己的信念，并朝着这个目标坚定地走下去，最终成为一名光荣的特级教师。可见，成功的职业生涯从确定目标开始。

第二节　寻找适合自己的职业目标

教师的职业发展目标大致可以分为三类：一是教育学尖子，二是科研能手，三是教育管理者。成功心理学的理论告诉我们，判断一个人是不是成功，最主要看他是否最大限度地发挥了自己的优势。而许多老师之所以能在同辈中出类拔萃，很大程度上就是因为他们能清楚地知道自身的优势所在并通过了勤奋让优势得到最大限度的发挥。

每个学校的发展水平的差异、学校能为每个老师所提供的发展机会的差异和个人所获得的发展机会的差异，都直接影响着教师职业生涯路线的选择。因此，作为教师的你应根据自身的条件和所处之环境，选择好自己的职业发展道路。

你究竟打算朝哪个方向发展？走行政管理路线，或是走专业技术路线，还是向业务方向发展？是从事教育科学研究，还是向优秀讲课能手努力，或是两者兼而有之？发展路线不同，要求也就不同，这点是不能忽视的。

即使是同一个教师职业，也有不同的岗位，同一个岗位也有不同的工作，同一个工作也有不同的要求，同样的要求各人所完成的方式也不一定相同。

有的教师所具备的人力资源得天独厚，适合从事行政工作，可以在管理方面大显身手，成为一名优秀的校领导；有的老师喜欢钻研，适合搞研究，能在某一领域有所建树，成为著名的学科专家；有的老师兢兢业业，恪尽职守，终于桃李满天下，成为一代名师；有的老师是"多面手"，什么都行……

有效的职业生涯规划需要确定切实可行的目标，以便排除不必要的干扰，一心一意致力于目标的实现。

职业生涯目标设计的内容，可以从两个角度分：①时间的角度，在成长的不同阶段，目标是不同的，也就是要设计阶段目标，阶段目标主要是各个成长阶段要解决的主要问题。②项目的角度，在教育工作中，有许多项目，都可以成为教师攻克的目标，比如教材开发、教学方法的改革、教学手段的革新、学生管理、课外活动指导、某个问题的实验或科研等。

当然，除了阶段目标，你首先要有一个总的人生目标。

一个人能够成就一番事业，很大程度上取决于有无一个正确而适当的人生目标，没有人生目标，或者人生目标选择不当，都很难实现自己的理想。因而，作为教师的你进行职业生涯规划，首先就应该确定下一个远大的人生目标。

不妨静下心来想一想：

（1）我希望从教师这个职业中得到什么？

（2）在我已有的教育经验中，什么样的经历让我最感满足？

（3）在我这个职业群体中，哪些人做得不如我？哪些人表现和我差不多？哪些人表现比我优秀？我从他们身上，能够吸取什么经验与教训？

（4）我希望成为什么样的教师？

（5）要成为这样的教师，我需要进行哪些方面的自我更新？

（6）要成为这样的教师，我需要多长时间的努力？

在认真思考了上述问题后，你的人生目标便会在眼前渐渐清晰起来。接下来，你就要考虑如何接近、实现这个远大的目标，这就需要你回过头来，对自己的情况以及外部环境等各种因素做一个全面的分析。

我们向你介绍一个简单而有效的机会评估工具——SWOT 分析法。

SWOT 是四个英语单词的缩写，即 Strength（优势），Weakness（劣势），Opportunity（机会）和 Threat（威胁）。一般来说，优势和劣势属于个人，而机会和威胁则来自外部环境。

首先，你要进行优势分析，也就是分析自己的特长。

你曾经扮演过什么角色及你的特征是什么？是科任教师、班主任还是骨干教师等？你曾经参加过什么教学活动？你获得过哪些奖励？……

尽量多的写出各个问题的答案，你将会清楚你承担的责任和角色，以及你个人的素质状况。然后，按其重要次序列成表格，想想哪些是应该继续保留的，哪些是必须抛弃或改正的。

你学到了什么？在学校期间，你获得了哪方面的专业能力？接受过哪些继续教育或培训？自学过和教育有关的课程吗？有什么独到的教学方法和专长吗？

你最成功之处是什么？你有过一次成功的公开课吗？获得过学生的一致称赞吗？为何成功？是偶然还是必然？

通过分析，你可以发现自己潜在的能力，并可以以此作为契机，挖掘个人深层次的魅力闪光点。

其次，你要分析自己的劣势和不足。

性格弱点，如不善交际、容易冲动等。一个内向型的老师很难和学生建立起亲密和谐的关系，也很难和同事合作分享教学经验。倒不是说内向型的人就无法成为一名优秀的教育工作者，只有了解自己的性格弱点，才能在工作方法、个人修养方面慢慢改进，重塑自己的个性，以适应个人的职业发展。

欠缺的经验或者专业技能。初入职场的你可能欠缺许多教学经验，比如应对学生的发难，或者课堂准备不充分的尴尬；而有些中老年老师，欠缺学习热情，对多媒体教学还不适应，等等。欠缺不可怕，可怕的是自己还意识不到。

再次，你要进行机会分析，也就是有利于教师职业发展的一些机会。

对社会大环境的分析：当前的政治、经济、科技、文化环境有利于教师职业的发展吗？具体在哪方面有利？

对自己所在学校的环境进行分析：学校能为你提供多大的发展

空间？学校领导注重你的持续发展吗？学校为你的发展提供了多少可供利用的资源？

最后，是威胁分析，也就是你在职业生涯中遇到的困难。

学校将来会合并或者降级吗？新来的校长对自己是否有敌意？和老师的关系好不好？……

这样一步步分析，一副清晰的职业生涯机会前景图就会呈现在你的面前。

教师作为一种特定的职业，主要的目标设立，可分成下列几种：

工作目标：为个人在工作或职位上所努力追求的理想。

生活目标：有的教师以桃李满天下为生活目标，有的则追求良好人际关系的建立；有的则想"教而优则仕"等，有不同的生活目标。

进修与休闲目标：包括学位进修和一般讲习、研讨计划，以增进自己的知识和技能为目标，休闲娱乐目标，用以调剂身心，减轻工作、生活中的压力等。

退休目标：届临退休年龄时，应事先规划好退休后的目标，参与社会服务，或是培养其他专长，以防止老化现象。

下面让我们看看一个教务主任是如何利用我们介绍的SWOT分析法来为自己制定目标的。

基本资料

姓名：赵亮；性别：男；血型：B型；出生地：山东泰安；出生年月：1974年8月3日；学历：本科。目前年龄：30岁（2004年）；死亡预测：70岁（2040年）；尚余年限：40年。

自我分析

优势：①有较扎实的教学和管理理论基础（但仍需不断吸收新观念、新知识）；②有 3 年学校教务管理经验和 6 年的教学经验（但仍需充实这方面的经历和经验）；③善于沟通，善于与人相处，适应能力强；④分析问题时头脑冷静，善于发现和解决问题。

弱势：有时缺乏冲劲，做具体工作动作较慢。

机会与威胁：目前所处学校属于稳定期，调薪较慢，升迁机会极小。应抓紧时间多学习，打下基础，为下一步突破养精蓄锐。

规划目标

总体目标：成为学校校长。

家庭目标：目前已婚。31 岁开始以 10 年期贷款购买楼房，32 岁时要孩子。

健康目标：人身保险至少 30 万，注意身体健康，不要成为家庭与事业的负担。

收入目标：2004 ~ 2007 年，年薪 3 万 ~ 5 万；2007 ~ 2010 年，年薪 4 万 ~ 6 万；2010 年，年薪 6 万，之后每年以 5% ~ 10% 增加。如果可能，自行创办私立学校（非绝对必须之目标）。

学习目标：2004 ~ 2007 年，自学完教育学硕士主干课程；2007 ~ 2010 年，自学完领导学和管理学课程；2007 年以后每月至少看 1 本以上相关管理书籍，并将学到的知识用于管理工作之中。

延伸阅读　确立目标的 5 个误区

在现实生活中，有许多教师也对自己的个人情况进行了客观分析，也考察了周遭的学校环境，并在此基础上制定出了自己的目标，

73

然而随着时间的流逝，他们不是半途而废就是知难而退，究其原因，很多还是在确立目标时陷入了误区。

误区一：超出了自己的能力。

我们先来看下面的案例：

张老师（29岁）：我做什么事情都力争完美，人生匆匆，我希望自己在35岁前达到高级职称，40岁成为特级教师，根据我目前的努力情况达到这个目标是不成问题的，我觉得周围的人对我不友好，难道他们自己不努力还不允许别人有事业心？领导也有问题，在班主任的例会上，校长表扬我的班只说编码不提我的名字，表扬完还补充一句："我就事论事，不针对个人。"为什么就不能明确表扬我呢？为了顾及后进者的面子就不鼓励先进？这是什么思路？领导真够没有水平的。现在我很忙很累，争取到了上市级公开课的机会，还打算争取一节开放主题班会的机会……最近发现学生挺害怕我的，实际却是消极抵抗。

每个人都渴望成功，很多年轻教师雄心勃勃，自视甚高，或者是因为初出茅庐，心高气盛，制定目标的时候往往会忽略自己的能力，结果在实现目标的过程中受阻，产生挫败感，最终一事无成。所以作为教师的你在为自己制定职业生涯目标时，一定要量力而"定"。

人事学者罗双平告诫职场人士，目标高低应该恰到好处，什么是恰到好处？就是稍稍高一点，"志存高远"，定目标要瞄准人生的大目标。所谓"不想当将军的士兵不是好士兵"，然而，现实生活中，将军的位置很少，如果大家的目标都是当将军，那么这种主观愿望就会与客观实际产生差距，使你在执行计划时产生挫败感。学校也是如此，一个学校就一个校长，加上副校长和教务主任等领导人数也有限。当然，你在设定职业发展道路的目标时，想当校长的上进精神固然可嘉，但更要脚踏实地。因为当校长不仅仅需要能力，有时还需要机遇。

误区二：太贪心

有些年轻老师，初入职场，心高气盛，别人定一个目标，他要定三个、四个、十个……雄心勃勃地要干出一番大事业，结果到最后，顾此失彼，一个目标都没有达成。

更多的目标意味着精力的分散，特别是当你拥有太多的长期目标和中期目标时。学习一门新技能、成为"专家型"教师，等等，这些都需要花费很长时间才可能达到目标。如果你设定了太多诸如此类的大目标，你就会被到处牵着走，反而又变成没有目的性了。所以，建议你只留2~3个长期、中期目标，通过将大目标分解为若干个小目标，落实到具体的每天每周的任务上。这样在短时间内你就可以集中攻克一个个容易实现的小目标，而且也会更多地获得实现目标的成就感和喜悦感，从而有助于你实现更多更宏伟的大目标。

以下是一位普通的教务主任为自己制定的阶段目标，希望对你制定目标提供一点启示。

阶段目标：

30~33岁，仍在现学校任职，争取调换职位，一边熟悉政教、后勤等部门的运作；一边自学教育硕士主干课程。

33~35岁，应聘本校或兄弟学校副校长等相关职务，一边熟悉学校的全面管理工作，一边自学领导学、管理学方面的课程。

35~39岁，应聘校长职位。之后，一边从事管理工作，一边不

断学习和实践，逐步成为一名省级和国家级优秀校长。

误区三：没有兼顾生活目标

人的一生可以设定许多目标，职业生涯的目标只是其中的一部分，而在设定职业生涯的目标时，有许多老师把生活因素摒除在外。殊不知，人的事业和家庭、健康、朋友等息息相关，这些因素都时时刻刻影响着事业目标的实现。所以在制定职业生涯的目标时，一定要兼顾生活目标，比如你的健康目标是什么？休闲生活的目标是什么，等等。都要结合起来进行全盘考虑，只有二者都兼顾好了，在执行计划时才不会出现冲突。

误区四：没有考虑学校的目标。

教师是学校的一分子，个人目标的实现一定要借助学校的力量才能实现，就像我们之前分析的，在制定个人目标前要分析学校的情况，只有将个人的目标与学校的长远发展目标结合起来，才能更好地实现个人的目标，促进个人的协调发展，如果只是考虑个人情况，忽略学校的发展目标，那么在执行计划时，势必会遇到不小的阻碍，客观上就又妨碍了你个人的发展。

误区五：不把目标写下来。

想要记住并且开始执行自己的目标，最好的办法就是写下来！描述你的目标是什么，你要怎样达到它。如果你从来没有将目标记下来过，那现在就把你的目标写下来。

将目标写下来，可以梳理你的含糊不清、条例不顺的想法。记住，明确的目标才能保证你的成功，而明确的目标不会轻松地用脑袋想想就能全部明白的。所以，花点时间，坐下来仔细写下来。

为了在制定职业生涯目标时避免走入误区，我们向你介绍职业生涯目标制定的标准。

　　＊这种制定是自我认真选择的；

　　＊对每种被选择的结果，在选择时都曾一一不漏地做过评估；

　　＊你为自己的选择结果感到骄傲，并充满信心，且愿意对外
公开；

　　＊愿意承诺并付诸行动来完成自己的选择结果；

　　＊它适合自己的整个生活模式，符合自己的价值观。

第三节　持之以恒的向目标前进

　　我们先来看一下"汽车大王"福特是如何持之以恒地向人生的
目标前进，并逐步走向成功的。

　　福特在很小的时候就对机械产生了兴趣，虽然父亲并不支持他
的爱好，但他一直坚持自己的理想，从未放弃。

　　自1879年12月起，福特就到当时的机械制造业重地底特律给
人打工。三年后，学了一身本领的福特决心回到家乡开创一番自己
的事业。他开了一家小工厂，不时地做一些小机械，帮助父亲的农
场提高工作效率。这些小小的成功使福特对实现自己的人生目标充
满信心。

　　看到了查尔斯·杜耶1893年在芝加哥博览会上展出的由汽油做
动力的车子，福特颇受启发。他决心制造一辆更好的汽车。但福特
首先遇到的是点火的问题。为了弥补知识的不足，他决定再去底特
律的爱迪生电灯公司学习电学知识，为此，他又和父亲发生争执。
但福特还是依然前往底特律，他实现目标的决心是坚不可摧的。

在爱迪生电灯公司工作期间，他充分利用业余时间来实现自己的目标——制造一辆汽车。经过无数次的实验，福特终于在1896年6月制造出了一辆自己的汽车。车的性能虽然不够完备，但是这次尝试却深深鼓舞了福特，他坚信，只要努力朝着自己的目标奋进，就一定能取得成功。

在研制汽车的道路上，福特遇到了不少的难题：爱迪生电灯公司愿意以每月500元薪金和可分红的条件聘他做生产部门的总监，但附带条件是要专心工作，不得分心研制汽车。与此同时，底特律汽车公司的老板也想请他去当工程师，但月薪只有200元。面对两种选择，福特经过慎重考虑，最终选择去底特律公司，因为这样就能实现自己当初的理想——制造汽车。

在底特律汽车公司工作期间，福特认真工作，并没有满足现状，时时鞭策自己要戒除懒惰，寻求更大的发展机会。1901年，在密歇根举行的汽车大赛上，福特将自己用近一年时间设计的赛车开上赛场，一举击败了上届赛车冠军夺魁。

这次比赛也让福特一夜成名。1903年，经过多方的努力，一个给世界汽车行业带来巨大影响的福特汽车公司诞生了。

如果福特当初听从父亲的建议，不从事自己喜爱的汽车行业，如果在遇到困难的时候，他灰心失望，进而放弃，那么也就不可能有今天的汽车王国。

可见，只要目标明确且符合实际，坚持不懈地去争取，去努力，朝着目标不断前行，就一定能够成功。

下面让我们看看一位中学英语老师是如何在自我发展的道路上坚持自己的目标，不懈努力的。

杨方正老师于 1963 年毕业于华中师范学院（现名华中师范大学）外语系。他当时学的是俄语专业。毕业后，他被分配到湖北黄冈中学任教。他教俄语大约有两年的时间。

1966 年"文化大革命"开始以后，他和大家一样中断了真正意义上的教学工作。直到 1977 年恢复高考以后，他才重新走上了讲台。但是，那时的情况发生了很大的变化：他得"转行"教英语。他认为，当时他教英语完全是"误人子弟"，因为他的"全部家当"就是在大学期间学了两年的"第二外语（英语）"。

1979 年，他教的学生参加了高考。幸运的是，当时英语考试成绩只作为"参考分"。而英语专业考生只要 40 分就达到了录取分数线。他有一个学生刚好达到了分数线，当然他只能进入一所很一般的大学。这件事对他的触动很大。从此，他痛下决心拼命地抓自身的在职业务进修，并明确了自己今后的职业目标——做一名合格的中学英语教师。

当时他的生活条件相当差，每月工资只有 50 多元，却必须养活 4 口人，他省吃俭用，利用节省下来的钱买了一台收音机，后来又买了一台黑白电视机，他利用广播和电视学完了初级班英语、中级班英语、"英语九百句"、"中级美国英语"、"跟我学"，另外，他还长期坚持收听 VOA 和 BBC 为外国学生专门设计的特别英语节目。

他利用业余时间（主要是晚上 10 点钟以后）坚持自学，把收录下来的英语节目边听、边记、边写，反复多次，每晚都学到午夜以后。他还几乎把所有的节假日都用在自修上了。仅在 1977～1982 年期间，他记的英语笔记就有 100 多万字。

由于教学和自修的担子太重，加上当时他的家庭经济状况特别

糟糕，他终于因为劳累过度而病倒了。但是，疾病并没有把他吓倒。在病情得到基本控制的情况下，他又投入到紧张的学习与工作之中。因为他从来都没有忘记自己当初订立的目标。

"功夫不负有心人"。他有幸参加了1982年至1983年湖北省教育学院中学英语骨干教师培训班（由外籍教师执教）的进修。由于自修的功底打得很扎实，他在培训班里学习得很顺利，经过刻苦学习，他以口、笔试优异的成绩在培训班结业，名列榜首。当时他已年过四十。这一结果使当时任教的两个美国老师惊讶不已。在其后的英语教学中，他以正确的思想为指导，先后阅读过《给教师的建议》、《英语教学法》，学习并研究了当代外语教学法流派和思想，坚持订阅《中小学外语教学与研究》，坚持试验，大胆探索，不断革新教法，并结合中国中学生的特点特别是本校的实际，创建了独具风格的三段五步英语阅读教学模式，教学效果显著。

他培养的学生实际运用英语的能力极强，在英语方面有很强的竞争能力，在全国以及省市级英语竞赛中屡次获奖（包括全省第二名的成绩），不少学生出国深造或在国内的英语教学、科研以及实际应用中大显身手；培养的青年教师中有两人荣获"全国中小学英语教师园丁奖"，有数人在省、市青年教师英语优质课比赛中获一等奖，有更多的人在英语教学中成为学科带头人；撰写的论文有多篇获湖北省优秀论文一等奖，并分别在国内各大英语教学杂志上发表；依据"三段五步英语阅读教学模式"讲授的课文精读示范课曾被拍摄成录像片，作为"优秀课例"在湖北省内外播放；论文《三段五步英语阅读教学模式》在2001年9月全国高中阅读教学研讨会上荣获论文一等奖；主编了《英语常用词搭配及同义词辨析》（华语教学出版社出版）等数十本专著，受到读者普遍欢迎。先后荣获"鄂州市政协先进个人"、"湖北省中小学教育改革先进工作者"并获"湖北省董必武教育奖励基金奖"等荣誉。

他 1989 年被评为中学特级教师。曾任黄冈地区教育学会中学英语研究会会长、湖北省教育学会中学英语研究会理事，还被聘为湖北省第四批特级教师评选委员会委员等。他崇尚的人生格言："坚忍不拔是成功之本"。

杨老师在校期间学习的是俄语，面对他完全陌生的英语，他并没有畏难退缩，反而是为自己树立了一个几乎是不可能完成的目标：做一名合格的中学英语教师。难能可贵的是，杨老师一旦确定了目标就不再动摇，并朝着这个方向坚定地走下去，勇往直前；面对困难，丝毫不退缩，最终成为一名优秀的英语老师，实现了自己的目标。

第四节　"专家型"教师——教师发展的终极方向

"专家型"教师可以说是教师自我发展设计的顶峰。所谓"专家型"教师主要是指在教育教学的某一方面（主要是学科教学或学术研究领域）有专长，具有良好的教学效能感和教学监控能力，在教学中富有创见，能根据教学情境的变化及时而灵活地采取恰当的教学行为来促进教学顺利的进行，能够产生较高教学质量的教师。"专家型"教师首先应具备一般教师所具有的素质，同时"专家型"教师要参与教育科研工作，成为研究者，不能只是停留在"知识传递者"的角色上，而要在实践中进行研究和探索。

81

客观准确的目标定位　第三章

"专家型"教师具备有求知欲、主观能动性和自学愿望，有合理的工作方式的知识，有演绎、归纳和类比的能力；在进行一项活动时具有确定其不同阶段所必须遵循的逻辑顺序能力；有形成和修改假设，拟定观察计划或实验计划，以及理出事实与现象之间联系的能力；对收集到的数据材料能够加以处理，使之系统化，并且予以说明，从而得出结论；有独自作出具有科学根据的决定的能力；有清楚、确切、简洁的表达能力。其基本特征主要有以下三个方面：

（1）有合理的工作方式的知识，有演绎、归纳和类比的能力

"专家型"教师应具备的知识主要包括所教学科知识，教学方法和理论，适用于各学科的一般教学策略（诸如课堂管理的原理、有效教学、评价等），课程材料，以及适用于不同学科和年级的程序性知识。教特定学科所需要的知识，教某些学生和特定概念的特殊方式；学习者的性格特征和文化背景；学生学习的环境（同伴、小组、班级、学校以及社区）；教学目标和目的。除了拥有这些丰富的知识，"专家型"教师还能将这些广博的、可利用的知识灵活地组织起来，运用演绎、归纳和类比等方法用到教学中去。

（2）能高效率地解决教学领域内的问题

"专家型"教师在教学领域内，相对于非"专家型"教师而言，"专家型"教师能高效率地解决教学问题。"专家型"教师在自我发展的过程中，他们积累了广泛的知识经验和教学经验，并能够迅速有效地将各种信息联系起来，且只需很少或无需认知努力便可以完成多项活动。"专家型"教师对于某些教育技能已经程序化、自动化，这使他们能够将注意集中于教学领域高水平的推理和问题解决上。此外，很重要的一点是，"专家型"教师善于监控自己的认知执

行过程，即在接触问题时他们具有计划性且善于自我观察，时机不成熟时，他们不会进行尝试，而在教学行为进行过程中，他们又能主动对自己的行为做出评价，并随时做出相应的调节。

（3）善于创造性地解决问题，有很强的洞察力

一般教师和"专家型"教师都是应用知识来分析解决问题的，但"专家型"教师能创造性地解决问题，"专家型"教师在教学中能够鉴别出有助于问题解决的信息，并能够有效地将这些信息联系起来，重新加以组织。他们的解答方法既新颖又恰当，往往能够产生独创的、有洞察力的解决方法。因而"专家型"教师能够对教学中的问题做出新颖而恰当的解决。

教师专业化为确立"专家型"教师质量标准提供了依据。国内外的学者对教师的素质问题纷纷发表自己的见解，美国学者论述了受学生喜爱的教师特征有三方面：①亲童性。爱护学生，尊重学生的独立性，考虑学生的需要，鼓励每一个学生的学习与进步。②安全感。教师在学生面前的自信和随和以及由此形成的教师威信。③个人组织能力和综合能力。教学组织、班级管理、课业规定等方面的使学生可以接受的能力、魄力和态度。

我国学者叶澜提出未来教师的理想风格是"对人类的热爱的博大的胸怀，对学生成长的关怀和敬业奉献的崇高精神，良好的文化素养，复合的知识结构，在富有时代精神和科学性的教育观念指导下的教育能力和研究能力，在实践中凝聚生成的教育智慧。"

唐松林等人提出了三维一体的教师的教育素质结构，即教师素质包括认知结构、专业精神和教育能力三方面，教师的教育素质结构是这三个维度组成的精神世界，其中认知结构起导向和支配作用，

专业精神起动力作用，教育能力起保证作用，三者是彼此联系、相互影响、制约、渗透的有机统一整体。

而"专家型"教师的素质结构也与一般教师的素质有相同点的同时，也有其特殊点，具体可以概括为以下几个方面：

（1）高尚的师德

师德是教师的灵魂。"专家型"教师首先要有高尚的师德。教师的师德对于学校教育的成败具有举足轻重的作用。高尚的师德包括对教育事业的热爱，强烈的事业心和奉献精神；科学的世界观和积极向上的人生态度；强烈的责任感和对学生的尊重、关心和爱护；处处为人师表，以身作则。

师爱是师德的核心，师爱是一种强大的力量，它不仅能够提高教育质量，也会促进学生的成人和成才，影响学生的身心发展、人格形成、职业选择和人生道路的转变。教师的师德是教师个体的人格魅力的反映。在学生心目中，教师是社会的规范、道德的规范、人们的楷模、父母的替身，教师的人格作为师德的有形表现，高尚而富有魅力的教师人格能产生身教重于言教的良好效果，教师的人格对年轻心灵的影响，是任何教科书、道德箴言，任何奖励和惩罚制度都不能替代的一种教育力量。

（2）科学的教育理念

教育理念是指教师在对教育工作本质理解基础上形成的关于教育的观念和理性信念。是否具有科学的教育理念是区分一般教师与"专家型"教师的重要标志。"专家型"教师重要的一点要具有科学的教育理念。

教师是教育活动的组织者和引导者，教师持有什么样的教育观念，不仅直接关系着教师的教育行为，而且还间接地影响着未来教育的性质与发展。"专家型"教师的科学理念主要包括三个方面：①要树立尊重爱护学生，注重开发学生潜能，促进学生个性全面发展的教育观；②树立"教师的主要职责是越来越少地传递知识，而越来越多地激励学生思考，教师将越来越成为一位顾问，一位交换意见的参加者，一位帮助学生发现矛盾论点，而不是给出现成真理的人"的教师观；③树立学生是有主观能动性的千差万别的个体，是教育活动的主体，是学习和发展的真正主人，学生有多方面发展的需要和发展的可能，教育应不断满足学生发展需要，促进学生尽可能发展的学生观。

（3）相当的专业知识和专业能力

相当的专业知识和专业能力是教师从事教育教学工作的前提和保证。"专家型"教师更需要具有这一点。

一般地说，"专家型"教师的知识结构包括普通文化知识、学科专业知识和教育学科知识三方面的内容。强调教师对普通文化知识的掌握，是因为普通文化知识本身具有陶冶人文精神，涵养人文素质的内在价值，它能丰富人的文化底蕴，使人性更加完满。"专家型"教师对普通文化知识的掌握不仅要渊博，而且要精深，要内化到个体知识结构中去。掌握学科专业知识，不仅要求教师对自己所教学科的基本内容有深入透彻的了解，还要了解学科的架构、发展脉络及学科信念等内容。教育学科知识包括教育学、心理学、教学法及教育科学研究等方面的知识，这是教师专业发展的必然要求。"专家型"教师的专业能力除了应具有教学能力、组织管理能力、决策能力、交往能力外，还必须具备相应的教育科学研究能力。这是

"专家型"教师区别于一般教师的根本所在。教育研究能力是一个综合的能力结构，一般来讲，它包括以下几种能力：定向能力、理论思维能力、创造能力、动手实践能力、评价分析能力、组织科研活动的能力。六种能力在每个人身上的不同发展水平，就形成了每个人不同的研究风格。

（4）勇于创新，具有一定的创造性

"专家型"教师拥有前面三个方面重要素质后，其运用知识技能的能力更加突出。"专家型"教师"不是传声筒，把书本的东西由口头传达出来，也不是照相机，把现实复呈出来，而是艺术家、创造者。"21世纪的发展呼唤创造型教师人才。学生创新精神和创新意识的培养乃至创新素质和创新能力的提高都与教师有着最为直接的关系。没有教师的创造性，很难培养出适应未来社会发展需要的创造性的学生。是否具有创造性是区分"教育家"与"教书匠"的重要标志。

"专家型"教师具有创新意识、创新精神和创新能力。即对教育发展前瞻能力，能迅速感悟、准确判断处于生成和变动的教育过程中可能出现的新趋势和新问题；具有教育智慧，及时把握教育时机，能根据实际环境选择和决策，调节自己的教育行为；尊重科学，不盲从和迷信权威，有创新的教学模式，创新的教学方法和新颖别致的教学内容；善于进行科学研究，能创造性地把新思想、新观点、新方法融会到自己的思维模式和工作模式中去，对解决问题有自己独特的见解和主张。

下面还是让我们通过李庚南老师的成长经历来感受"专家型"教师的魅力。

她没有大学文凭，高中毕业就走上了教师岗位；她没有行政职务，至今仍是一位普通的中学教师。然而，她执著地追求，顽强地拼搏，不断地超越，数十年如一日致力于教学改革和教育科研的实践，创立了效果显著、影响深广的"自学·议论·引导教学法"。她就是江苏省首批名师、数学特级教师李庾南。

　　1978 年，经过"文革"十年的压抑，终于迎来了改革开放的春天。李老师毅然摒弃了"年年卖旧货"的机械重复式教学，在领导的支持、同伴们的鼓励下，她提出了"学生自学数学能力及其培养"的实验研究课题，踏上了漫长的初中数学教学研究探索之路。那时，课堂上仍然充斥着"满堂灌"的现象，许多老师熟视无睹，而李老师却不甘现状，知难而进。在 20 世纪 80 年代初就上了一堂以学生为主体、培养学生自学能力的公开课。这堂课在得到部分专家学者赞许的同时，也引来不少非议和责难。

　　可这些并没有击倒李老师，她通过认真总结，更加勤奋刻苦地继续在教改之路上探索与拼搏。为了弥补教育理论方面的不足，追踪课改前沿信息，每个暑假她都要赴扬州师范学院，接受专家学者两个星期的个别辅导。

　　1984 年，为了撰写一篇论文，她多方向老师请教，与朋友磋商。她曾经早上六点从扬州出发，赶往镇江；尔后再从镇江赶赴常州中学；傍晚又风尘仆仆地赶往南京，直到后半夜，她才到达南京朋友的住处。一夜只睡三个多小时，第二天一早又急忙赶往省教研室，向有关专家学者求教。她一天奔波了四个城市，收获是沉甸甸的。

　　1984 年早秋，名不见经传的李庾南老师带着凝聚着自己与众多

师友心血的论文，赶赴安徽，参加全国数学教学研究会第二届年会。在这次会议上，李老师严密的论证、精确的推理、简洁而生动的语言征服了小组的同志，也征服了与会的专家学者。

随着同仁的祝贺、记者的采访、媒体的报道，李庾南的名字像长了翅膀，迅速地飞向祖国的四面八方。从那以后，不断有外省、外市的学校邀请她去讲课讲学。每次她都精心准备，抓紧机会向别人学习，不知不觉中实现了自己职业生涯中的一次大超越。

在繁忙的教学、教研之外，李老师还阅读了古今中外著名教育家的名著，曾两次赴美国考察基础教育改革现状，丰富自己的认知视野，拓展自己的实践能力。在 26 年教改研究中，她倾情于学科教育的理论研究和实践探索，经历了由数学学科到多学科、由初中到高中、由校内到校外的推广研究，研究领域和范围不断拓展，研究成果日益显著。

在汲取他人研究成果的基础上，李老师总结提炼出自己的教学思想，即"自学·议论·引导"教学法：自学——虽然自学的形式多样，但是突出了自主学习；议论——强调自主学习基础上的交流讨论，并突出了合作学习、探究学习以及在互动互究过程中的自觉体验、感悟的学习方式。

她倡导的教学方式是：教师是学生合作学习的伙伴，教师的作用是在导向、帮助、激励、评价、点拨、释疑、解惑中发挥的。她在几轮实验和推广中，十分注意吸纳、丰富、扬弃与拓展，聚焦一个方向，打造一个团队，坚信自己的能力，主动赢取各方理解和支持，因此，教育思想不断刷新，教学技艺日益成熟。

从 1978 年以来，她以写促思，出版了七本专著，发表论文一百多篇，还应邀为中国教育电视台、江苏教育电视台等拍摄理论讲座、教学录像近两百讲；远赴北京、辽宁、广东、新疆等26个省、市、自治区做学术讲座150多场次；多次举办市、省、全国性的教育教学改革讲习班，培训了教学骨干、教研人员、高师院校的学生达两万多人次。

　　普通老师李庾南，在自己平凡的工作岗位上，创造了令人倾慕的成绩：她荣获过全国中小学教学改革"金钥匙"奖、全国中学数学教育的最高荣誉奖——苏步青数学教育奖；她是中学数学特级教师、江苏省首批"名师"、第九届全国人大代表、江苏省有突出贡献中青年专家，享受国务院特殊津贴专家。

第四章　撰写生涯规划书

为什么要制定生涯规划？如何撰写生涯规划书？什么样的生涯规划书才是科学合理的？……在做出了分析和定位后，现在，让我们来了解撰写生涯规划书的有关事宜。

第一节　为什么要制定生涯规划

古人云："凡事预则立，不预则废。"这里所谓的"预"实际上就是计划、规划的意思。事实也证明，有很多人由于对自己的职业生涯毫无规划，人生的每一步都没有明确的目标，最终导致了事业的失败。而失败的原因并非是因为他们没知识、没才能，而是他们没有设计和采用最适合他们成长和发展的职业生涯规划。

唐骏在《唐骏谈职场奋斗与人生成功》中提到，自己人生成功的重要因素之一是读大学的时候给自己做个职业生涯规划。在他看来，职业生涯规划对一个人的成功非常的重要。

一般而言，教师的工作比较稳定，步调规律并且单纯，尽管如此，教师仍然需要有生涯规划。

一、终身教育的需要

20 世纪 70 年代以后，终身教育（Life-long education）理念日益

受到重视，生涯发展的研究，已不只偏重个人的职业选择方面，进而扩大到个人自我潜能的发挥。

如何使人生各阶段的潜能达到最大实现的可能性，逐渐成为生涯发展研究的重要课题；换言之，不仅要使个人乐在工作；而且也要使个人能安享晚年。教育工作者受到此种理念的冲击，逐渐感受到生涯发展和生涯规划的重要性。

教师逐渐体会到在职进修的必要性，光凭过去所学的知识和经验，实很难胜任目前的教学工作，必须不断地进修，吸取各种经济、政治、科技和教育知识，以扩大知识领域，提升专业能力。

所以，教师生涯能力的规划与发展，越来越凸显其迫切性。

二、教师自身发展的需要

教育质量的提升，主要系于教师能否将教学工作当作终生的职业，或是将教学工作当做一生值得奉献的专业。因此，教师必须要具有自我发展意识。

教师的自我发展意识，按照时间纬度，其内容构成至少包括三个方面：

（1）对自己过去发展过程的意识；

（2）对自己现在发展状态、水平所处阶段的意识；

（3）对自己未来发展的规划意识。

"理智地复现自己、筹划未来的自我、控制今后的行为"，使得"已有的发展水平影响今后的发展方向和程度"，"未来发展目标支配今日的行为。"

传统的教师发展模式是："学校要求——学校组织学习——教师实践——总结"。而在当代，这种模式必须得到改进，合理的模式应

该是："自我认识和自我反思——制定职业生涯规划——理论的学习和准备——实践和行动研究——总结提升"。

生涯规划的意义主要体现在以下几个方面：

（1）有助于教师确立发展目标

一个好的职业生涯规划可以帮助个人明确人生的奋斗目标，有了目标才会激励一个人努力奋斗，去创造条件实现目标，这样才不会随波逐流，浪费青春。

通过分析，认识自己，了解自己，估计自己的能力、智慧以及性格；找出自己的特点，明确自己的优势，正确设定自己的职业发展目标，并制订行动计划，使自己的才能得到充分发挥，以实现职业发展目标。

由于我们过去缺乏生涯设计的概念和意识，不少教师对自己要达到什么目标，通过几个阶段达到自己的目标，现在自己处于什么阶段，等等问题，脑子里往往是模糊的、不清楚的，有的甚至从来就没有这样考虑过。表现在工作上，就是听从领导安排，以完成任务为目标，没有多少自己的追求，态度比较被动；当工作不满意时，往往归因于外部的环境制约，认为自己尽了力，没有办法克服困难。

而生涯规划，可以使教师通过分析，认识自己，了解自己，估计自己的能力、智慧以及性格；找出自己的特点，明确自己的优势，正确设定自己的职业发展目标，并制订行动计划，使自己的才能得到充分发挥，以实现职业发展目标，从而获得一个快乐的人生。

（2）有助于教师抓住重点

制定职业生涯规划的一个最大的好处是有助于教师安排好日常

工作的轻重缓急。通过职业生涯规划，使教师紧紧抓住工作的重点，增加成功的可能性。

（3）有助于教师适应未来的竞争与社会需求

随着社会的发展，教师面临的问题将愈来愈复杂，所要处理的问题，可能不只是学校内教学的事情，同时还要面对社会、科技、家庭所带来的各种挑战。所以，教师必须对生涯发展有所了解，并且进行有效的生涯规划。

（4）有助于引导教师发挥潜能

职业生涯规划能帮助教师集中精力，全神贯注于自己的日常教学和研究，这样有助于他们发挥尽可能大的潜力，最终实现成功的目标。

（5）有助于解决教师的职业倦怠

部分教师由于缺少有意识地训练，因而教学水平和能力往往处于高原状态，没有成就感和发展感，这样很快就会出现职业的倦怠和退缩。

职业倦怠指的是个体无法应付外界超出个人能量和资源的过度要求而产生的身心耗竭状态。为了克服职业倦怠，很有必要使教师树立生涯设计的意识，掌握生涯设计的方法，真正把自己的职业生涯置于理性的思考之上。

教师生涯是一个意义深长的生涯，我们的生命在学习中成长，在付出中完成。通过制定教师职业生涯规划，将使教师个人的生涯获得极致的发展。思考、生活、学习、工作与行动；健康、婚姻与家庭；知识、情感与技能都将得到完整全面的发展，得到真正的人生幸福。

（6）有助于评估目前工作成绩

职业生涯规划的一个重要功能是提供了自我评估的重要手段。你可以根据规划的进展情况评价你目前取得的成绩。

亚里士多德曾经说过："人是一种寻找目标的动物，他生活的意义仅仅在于是否正在寻找和追求自己的目标。"完全没有规划的职业生涯是注定要失败的。教师必须为自己的生涯发展从宏观和微观的角度来进行思考，这样才能自觉地、妥善地完成生涯规划。

职业生涯规划是用来帮助个人设计人生职业道路的。所有人都应当审时度势为自己安排好未来，有了事业的目标，生活才不盲从；有了工作的追求，生活才有动力。对自己职业生涯的设计规划就是将自己的理想化为现实的人生，把对未来事业发展的预期转变为明确的行动步骤。

第二节　如何撰写个人生涯规划书

根据著名职业生涯学研究者与培训师程社明博士提出的职业生涯规划包括的十项内容，我们为你修订出教师职业规划书应包括的内容：

（1）题目

包括姓名、年限、年龄跨度、起止时期。

（2）职业方向发展方向和当前可以预见的最长远目标

指职业发展方向和当前可以预见的最长远目标。

（3）社会环境分析结果

包括对政治环境、经济环境、法律环境的分析，还包括职业环境分析。

（4）学校分析结果

包括行业分析，对学校制度、学校文化、学校管理者、学校品牌和服务、办学理念等的分析。

（5）自身条件及潜力测评结果

个人目前状况和发展潜能。比如，有可能从普通教师发展成为学校领导。

（6）角色及其建议

记录对自己职业生涯影响最大的一些人的建议。

（7）目标分解及目标组合

分析制定、实现目标的主要影响因素，通过目标分解和目标组合的方法做出果断明确的目标选择。

（8）成功的标准

（9）差距

即自身现实状况与实现目标之间的差距。

（10）缩小差距的方法及实施方案

案例

（一）个人情况

吴春花，女，28岁，1994年7月参加工作，小学一级教师。开福区三角塘小学语文教师兼班主任。1999年12月湖南师大汉语言文学专业本科毕业，普通话水平二级甲等，计算机水平通过全国计算机等级考试，获一级合格证书。个性开朗，爱好运动、旅游，热爱孩子，热爱教育。最喜欢的教育格言是苏联教育家苏霍姆林斯基所说的：我生活中什么是最重要的呢？我可以不假思索地回答说：爱

孩子。

（二）发展方向

实现新课程理念下的角色转化与自我实现，寻求一分自我实现的自信与肯定，争取成为一名学者型的教师。

（三）行动策略

1. 加强职业道德学习

严格以教师职业道德规范自己的言行，热爱每一个学生，关注学生的全面，做到为人师表，师德高尚，要以自身的人格魅力引导学生，熏陶学生，使他们成为健全的人，高尚的人，快乐的人。

2. 提高专业素质

经常进行教学反思，反思能力的养成可以说是确保教师不断再学习的最基本条件。教师在个人反省或集体反省的过程中，可以发现个人及他人的优缺点，从而拓宽专业视野，激发不断追求超越的动机。我在教育教学中要经常进行反思，勤写教学札记，不断地对自身的教育教学进行研究，对自己的知识与经验进行重组，解决自身在教育教学中遇到的问题。

努力开发新的课程资源。新课程给了教师很大的发展空间，我要努力把握好这样的机会，活学活用教材，尤其要关注身边的生活，把鲜活的生活资源导入我们的课程。

多向专业人士学习请教，事实证明，一个人的发展离不开专业引领，有了专业的学习和指导，往往能事半功倍，因此我要利用多种途径向专业人士学习，如讲座、座谈、阅读著作等，不断提高自身的理论与实践水平。

3. 加强专业合作

教师要实现专业的深入发展，必须突破目前普遍存在的教师彼此孤立与封闭的现象，学会与他人进行合作。因此，我要坚决走出在结构上趋于封闭的教室设计，与来自不同科目及学校的教师进行各种类型的专业合作，经常交流我们的教学体会。这样才能使自己的专业视野更加宽广，进而扩充个人的专业实践理论的内涵。

（四）终身学习

现代教师所面临的挑战，不但具有高度的不可预测性与复杂性，而且越来越找不到一套放之四海皆准的应变通则。因此，教师担任教书育人的重任，更应不断学习新的知识，才能适应社会的变化。

加强技能学习，如计算机，短期内打算自学 FLASH，学会制作实用、精美的课件，尤其要能实现课件的交互性。多阅读文学书籍，使自己的文学修养能不断提升。

附：教学日记一则——项特殊的作业

"车的世界"是开放单元，识字应广泛地结合生活实际进行，因此，我布置了这样一项特殊的作业：利用休息日请家长带上街头认识交通标志并记录下来；搜集有关车的资料，出一份手抄报。

对这项作业，孩子们投入了极大的热情，因为他们认为这是一次显示自己的好机会。于是，八仙过海，各显神通，孩子们交上来的作业，让我大开眼界。

他们的手抄报内容丰富，有的以介绍车的品牌为主题，有的以说明车的历史为内容，有的以车的儿歌为主题，还有的以宣传交通标志和交通安全为内容。形式也是丰富多彩，有的剪贴，有的图画，有的图文并茂。这些无疑显示了孩子们的聪明智慧，虽然有家长帮忙的痕迹，但他毕竟体现了孩子的思考。

你在制定职业生涯规划时一个不能忽视的外部力量是与他人合作。作为教师的你要根据自身的职业规划，考虑与其他教师合作的各种方式。可以选择与他们一道工作，来制定共同的计划，让他们参与到实现自己的目标的活动中去，或者请他们参与帮助评价自己的学习。

一些教育界专家认为，学习团体是一种"新模式"，就促进学校工作者能力的提高而言，这种模式为实现他们的目标提供了最好的前景。这种职业学习团体具有以下特征：共同的任务；合作的团队；深刻的洞察力和职业道德；集体探究；行动指向和实验意愿；致力于持续进步；关注结果。事实证明，这种职业学习团体为教师之间的合作提供了大量极好的范例和建议。

此外，国务院《基础教育课程改革纲要》和各科新课程标准以及有关教师专业化的方针政策为个人、团体、学校或地区制定和评估职业发展提供了指南。你在制定实施职业生涯规划时，可以遵循这些对教师的发展标准，并应以此为目标来设计自己的职业规划。此时，要考虑下列两方面的问题。

●通过学习研究有关新课程与教师专业化的指示精神，构建一个符合新课程与教师专业化精神的、行之有效的自我发展实践规划。

●运用问题讨论法来分析当前的计划，使之改善和提高。

你的职业规划，可以是一步步来实施。短期目标的实现是长期目标实现的基础。在每项新目标实施时，一定要写好前一计划的反思，这对新计划的实施具有重要意义。当然在你做了计划后以及参加职业发展活动后，也要进行反思。当你思考你的目标和如何实施它们时，你或许需要考虑下面一些问题：

●我想要我的所有学生学会什么，或我的教学结果是什么？

●我如何来判定学生的学习质量？

●我的实践如何影响学生的成绩？

●根据资料，我知道我的学生有什么要求？

●学校目标和发展计划如何影响我的目标？

●我为提高教学质量和改进实践做出了哪些努力？

●我如何与他人合作来促进我的目标？

●我需要获得哪方面的技能知识和能力？

●我将怎样知道我已实现了我的目标？

●当学生显示没有掌握所学内容时我将如何处理？

●我收集什么来作为我职业发展努力的证据？

●我怎样将我的专业发展策略融入日常课堂教学？

一旦你已经确定了具体目标，你或许需要考虑下面一些问题：

●在课堂上，我采用什么方法，可以充分调动学生兴趣？

●如果我与同事合作来考查学生的学习，我将会对学生的具体需要有一个较好的认识、理解吗？我怎样评价学生的学习？

●我怎样才能把信息技术运用到课堂中去？

●我在教学中怎样关注每一位学生？

●我需要一位良师来帮助我实现目标吗？

●在教学中，我的哪些努力有助于自己实现职业发展设计？

延伸阅读　谨防生涯规划的误区

你在规划自己的职业生涯时，要谨防进入以下的误区：

误区一：能做好下属就能做好领导。

有些人认为，只要把本职工作做好，就可以升任领导，其实不然，优秀的运动员不一定就是好教练。一些表现优异的教师、班主任等升任领导后却表现不佳，这是因为学校领导还需要教学工作以外其他的素质，如决策能力、协调能力等。所以，在某个职位做得好，并不表明在其他职位做得好。在进行职业生涯规划时一定要认清自己的能力以及胜任领导岗位所需要的必备素质。

误区二：成功的关键在于运气。

很多老师坚信成功者是由于好的运气，因此，他们被动地等待幸运女神的光临，根本不去主动地计划、经营和努力把握自己的生活，这种人无疑犯了守株待兔的错误，结果只能是在等待中耗尽自己的大好时光，落得个一事无成的结局。

误区三：做计划是人事部门的事，与我无关。

职业生涯规划是学校和个人双方都要共同参与的事，最终的实现者是个人。因此，你不能抱着做一天和尚撞一天钟的态度来对待自己的未来。

误区四：只有加班工作，才能得到赏识。

有些老师以为在学校待的时间越长，越能显示自己的勤奋。其实工作效率和工作业绩是最重要的，整天忙碌不出成果，并不是一个有效的工作者。

误区五：由领导决定升迁的快慢。

如果过于迷信领导对你升迁的影响，而不是真正认真审视自己为自己的未来做规划，你会因为迎合领导的好恶而妨碍自己真正的发展，看不清自己的问题，这样也会使你走入歧途。

误区六：不管事大、事小，都尽力去做。

有些老师总说自己忙，总有干不完的工作，可是工作成绩却并不突出。仔细分析发现，他们事无巨细都要亲力亲为，不会理出事情的轻重缓急，也不会说"不"。这样不仅耽误了自己的工作计划，自己的身体也吃不消，而且往往由于事情太多，还容易顾此失彼，耽误了重要的事情。

误区七：生活是生活，工作是工作，内外有别。

有些教师不愿意配偶过问自己的工作，觉得没有必要让他们了解自己的职业规划。其实，家庭的支持和帮助对于事业的成功是非常重要的。另外，职业规划也不应忽视生活。那种"燃烧自己，照亮别人"的蜡烛精神和"春蚕到死丝方尽"的春蚕精神，需要随时代进步加以调整。

误区八：这山望着那山高。

拥有这种心态的老师，总是觉得教师工作太无趣，没有成就感，因此产生跳槽的想法，而没有想到自己到底适不适合新的工作岗位，面对新的矛盾和挑战，有没有能力应付。

一个工作了数年的学生写信给他的老师说，又要换工作了。原来觉得将要得到的那个工作肯定比现在的好，结果真到了那里，才发现新工作和原来的差不多。换来换去，始终没有找到一个称心如意的。

老师回信说，正如亿万富翁约翰·丹佛在他"十点生活原则"中说的，"我常常不得不做我不喜欢的事情"，这世界上有很多人，一直做着自己不喜欢但不得不做的工作。在这个世界上，我们还没有办法完全按照自己的意愿做事和生活。而找到自己真正喜欢的事作为职业，这实在是一种幸福——就像找到自己真正所爱的人一样。

这真是智者之言，所以与其这山望着那山高，不如真正静下心来投入工作，学会去爱自己的工作，"干一行，爱一行"。

第三节　生涯规划书的思考与评价

什么样的计划才是一份好的教师职业生涯规划呢？重点是要把握好如下几点：

（1）要表明个人对提高实践的需要，但是这些需要一定要与学生、学校、地区的需要紧密联系起来。

（2）要集中于把提高学生学习作为职业发展的总目标，并把教育者的目标与已知的学生的基本需要结合起来。

（3）要反映学校、地区或政府教育的主动性。

（4）要把反思作为个人学习和发展的一部分。

（5）要包括职业发展活动的有关证明。

（6）要以新课程精神和教师专业发展方针为指导来制定和实施个人学习计划。

那么，究竟如何评价一份职业规划是否合理和完善呢？有没有一个标准呢？通常，首先你要评价职业生涯的目标设置的是否合理。评价职业生涯目标的设置，一般要遵循下面的几个原则。

（1）目标的明确性：即要明确描述出所需完成的行动方案，如40岁时，取得省级优秀教师。

（2）目标的可测量性：目标应该是可测量的，要有定量的数据，如数量、质量、时间等。

（3）可实现性：目标必须符合自己的主客观实际，在自己的可控制范围内。

（4）相关性：该目标要与个人的职业发展的总体目标相联系。

（5）时限性：即要设置一定的时间期限，避免不必要的拖延。

（6）是否细化：职业生涯目标是个长期的目标，往往要经过许多子目标，在实现子目标后，逐步地接近长期目标。由于实现长期目标的途径、措施和手段差异较大，因此应根据自己的情况将长期目标分解成中期、近期目标。

其次，你要从内容上评价你的计划做得如何，可以通过以下几方面去考虑。如果对这些问题的回答是清楚的，则说明计划是有深度的，是可行的。

★自我认识的结果：对自己的长处和短处特别是不足是否有准确的认识？对自己的人格、智能等特点是否有清楚的认识？对自己成为优秀教师的可能性做了怎样的估计？对自己的教学情况，反思出了什么问题没有？

★自我认识的方法：在对自己进行认识与分析的过程中，借助了什么手段？借助了哪些人的帮助，还是仅仅是自我评价？

★对发展环境的分析：是否清楚当前教育发展的需要？自己在教育发展中可以做点什么？对学校的特点和需要是否清楚？是否清楚对学生的发展需要？如何正确对待自己的工作和生活环境？

★目标定位：是否清楚现代教师应该扮演的角色？对教师发展的目标、类型、水准等是否有比较清楚的认识？自己要成为一个怎样的教师？这样的教师具有哪些特点？

★发展阶段：计划是否包含有关发展阶段的认识？是否明确自

己所处的阶段？是否明确今后一个阶段自己要解决的主要问题和矛盾是什么？

★发展模式：是否有发展模式的思想？自己按照什么样的轨道、模式来实现自己的发展？是纵深发展，还是横向发展？等等。

★发展活动：采取的措施中，包含有哪些专业发展的活动（参加培训、读书、网络、观摩、考察等）？这些活动对于解决自己的发展问题是否有效？采取了什么有效的发展策略？

★发展条件：发展计划中，是否涵括了时间和资金的"预算"？这些预算是否可行？实现专业发展目标，需要哪些条件和外部的支持？哪些条件已经具备，哪些还不具备？能否通过努力创造出符合需要的条件？

在具体评价你的规划时，你可以寻求同事的帮助，如组织同事进行讨论，利用"头脑风暴"来一起评估你的规划，大家集思广益，不难发现你在制定规划时没有考虑到的方面。除此之外，还可以将你的规划书提交给专门的机构，用专业的方法进行评估，可以更全面的审视你的规划。当然，你也可以运用下面的问题来评价你计划的优劣。如果答案是肯定的，说明你的规划书是合理而有效的。

●目标和计划是否反映了你的需要，以及你的学生、学校和地区的需要？

●你的计划反映的仅仅是新知识及其发展，是否还反映了时间和努力？

●你怎样运用资料来确定目标？

●你的目标体现了高质量的教育吗？

●你的计划反映了怎样提高学生的成绩吗？

● 你的计划是否针对具体内容范围？

● 你的计划中是否包括合作性活动？

● 你的计划包括对结果的反思以及对此所做的适当调整吗？

● 你的计划包括评估方法吗？

● 你确认你将要得到的证据吗？

第五章　用行动搭建理想的桥梁

有了目标，如何去具体实施？自己的力量不足，又该如何解决？……心动不如行动，不要让机会轻易地从身边溜走。现实是此案，理想是彼岸，要想连接它们，唯有付出切实的行动才行。

第一节　不要让机会轻易地溜走

世界著名潜能大师安东尼·罗宾说："人生伟业并不在于能知，最重要在于能行。"威廉·詹姆斯也认为，不管你知道多少金玉良言，不管你具备多好的条件，在机会降临时，你若不抓住，就不会有进步。

从前有祖孙俩一起去捕鸟。祖父教孙子用一根棍子支起一只空箱子，木棍上系着的绳子一直接到他们隐蔽的灌木丛中，只要小鸟受空箱子下的米粒诱惑去啄食它们，祖孙俩就可以一拉绳子逮住小鸟。

等他们支好箱子，刚隐蔽起来不久，就飞来一群小鸟，共有十几只。孙子看了很高兴，正想拉动绳子，不过他转念一想，说不定还有更多走进来呢，他决定再等一等。结果，不一会，就走出去好几只小鸟，他后悔莫及，决定只要再走进一只就拉绳子，接着，又从箱子中走出几只小鸟，如果这时拉绳子，至少还能套住一只，但他仍不甘心，心想，总该有些鸟要回去吧。终于，连最后那只小鸟也飞走了。

其实机遇往往是昙花一现，反应迅速、行动敏捷的人更容易品尝到成功的喜悦；而那些犹豫不决、瞻前顾后的人则会错过人生中难得的机会，甚至留下永远的遗憾。

下面让我们共同分享一位中学高级教师的成长经历，看她是如何抓住职业生涯中那些难得的机会的。

我是1991年从师范大学毕业，到天津一所中学做了历史教师，朴实的父亲的一句话"到哪里都不能让别人说出'不'字来"支撑了我很多年。

参加工作不久我就被学校领导和老教师一致认定是个好苗子，很快就在天津的历史教学中小有名气。当时，我如果在历史学科中一直发展下去也可以有所作为，但一次偶然的培训机会使我没有按照这样既定的道路走下去，我改变了自己的人生道路，也因为我的改变给许多人的人生添上了美好的音符。

1993年，天津市教委组织了第一批青少年心理辅导员培训班，我参加了。这样的短期培训经常有，但我却将它定义为我终身事业的开端。

从那个培训班之后，我根据一点点的线索，开始了漫漫的"求学"之路，我的生活节奏变快了，在学校里办事情都是拿着事先写好的纸条，一次要将所有的事情都办好，我再也不会和同事闲聊了，只要有时间就跑到图书馆去看心理学、教育学的书籍，写读书心得，就连怀孕时反应强烈、输液的时候都拿着书看，同事们笑我生的孩子不是书呆子就是厌学狂。那个时候我几乎有点偏执地学习。

由于和周围的人沟通少了，大家都对我不太理解，为什么放弃了已经有基础且有前景的历史学科，做什么学生心理？有些人甚至说我浮躁，有点成绩就不甘寂寞，沽名钓誉……可是我并不在意，因为我想并不是所有的人都能够"先知先觉"。

我的"先知先觉"得益于我平时喜欢看各种时尚类、时政类和经济类的杂志，喜欢关注那些热点话题。我也经常鼓励那些一起参加培训而不被同事、领导理解的同事："发达国家的今天就是我们的明天，心理辅导在中国肯定会有前途的，将犹豫和彷徨占去的时间都用在学习上吧。"但毕竟那时候我人微言轻，我的同道越来越少，他们要为评专业职称去积累学科成绩，这是很现实的问题。

开始和媒体合作的契机是1995年，当时一本杂志对我班主任的工作进行采访，我主张的学生自主管理在当时是极具新闻报道价值的，这种全新的理念使我从班主任繁琐的工作中解放出来，我有了更多的时间进行学习，思想上站得更高，成为学生的导师。

那次报道后，陆续有媒体邀请我写稿，做电台的节目了。我的视野再次扩大，我的声音和文字被全国的青少年所熟悉，我成了他们心灵的港湾，而他们也成了我不断成长、不断提升自己的动力和源泉。就是到了今天，我还会抽出时间，参加许多国外培训师进行的高级培训，在学习中使自己永远站在学术的最前沿。

这个例子就是想告诉大家在职业生涯的路上如何才能预测机会，并及时地抓住不放，进而不断发展自己，朝着自己的理想更进一步。

然而，抓住机会也要讲究方式方法：

（1）时机的到来都是以偶然的方式出现的。

偶然方式出现的时机来无影，去无踪，稍不注意就会从身边溜走。时机的这一特点就要求你必须具备敏锐的捕捉力，时机一旦出现就迅速抓住它。上述案例中的那位老师从与媒体合作开始就已经意识到社会是需要心理健康专业知识的，于是她就利用那样的机会着力宣传心理健康的重要性，并且成为多家媒体的合作者。

（2）机会只会垂青那些准备好的人。

时机来的时候不会大肆宣扬，他悄然而来，又悄然而去，不会刻意去找哪个人。机会只青睐于那些有准备的人。

（3）要有冒险精神。

抓住时机要有冒险精神，有些人看到机遇来临也会临阵退缩，怕担当风险。而且中国有句俗话"树大招风"，大多数人都不愿意做出头的椽子。上述案例中的老师就曾经招致同事的误解，但当她用自己的真诚向周围的人证明她的追求不会妨害他人的利益时，误解就消除了。现代社会需要敢于冒险和敢于脱颖而出的有勇气的人。

（4）会抓取时机。

有些人喜欢坐等时机的成熟，这无异于守株待兔。时机在任何时候都不会成熟，时机只能在促进中成熟，只要你看到了机会，就要抓住一切可能的条件果敢行动，使时机早日成熟。

第二节　心动更要行动

尽管你已经制定了一系列自我发展的职业目标，并且知道自己要去完成什么，但是在你的具体行动过程中，可能并不确定如何来完成已经着手处理的事。或许你发现上课和举行的各种研究和实践并不满足你的具体需要。因此，在具体行动中要考虑下面几个方面。

＊具体行动建议

在实施自我发展职业目标的过程中，你要注重下列五条行动建议。

1. 认真阅读所接触的资料并思考怎样把搜集到的资料应用到实际教学中去。

2. 对自己的活动及其反应作日记。

3. 勾勒一个构思草图。

4. 与其他教师合作，可以一道思考，一起讨论共同研究。

5. 创造与学校之外的教育者讨论、学习的机会。

＊创建一个成长记录袋

你在制定了职业生涯规划后，需要创建一个作为计划一部分的成长记录袋，提供一些自己所进行的活动及学习效果的事实材料。一个成长记录袋包括下面所有的或任何一个或更多的内容：

★活动日志。

★教学反思或教后记或日记。

★学生学习样本。

★资料及资料分析。

★课堂计划或其他工作样本。

★教学设计以及自己的教育叙事。

★议程表和会议记录。

★科研成果或发表的文章或其他印刷材料。

★课件或其他电子演示文稿。

★录像带。

★照片。

创建成长记录袋时，切不能把成长记录袋做成什么都收集的"垃圾袋"，为此应遵循：

★所创成长记录袋要条理清楚而且容易理解。

★所包含的材料和成长计划应有明确的联系。

★演示稿中要插入一些自己的观点，而且各材料之间要相互联系。

★应反映出职业特征，并包括完整的示范性材料。

★每一总体目标和具体目的应包含有相应内容。

★应包括一个大体的材料范围。

★应该包括一篇经过思考并能清楚说明你已获得了知识的文章。

有些专家为了教师职业规划实施的可行性，提出了下面几点建议，值得你参考：

（1）常回顾你的构想和行动规划，必要时做出变动。

（2）行动规划应随着理想蓝图的变化做出相应的变动。计划毕竟是计划，需要和现实结合起来，动态性地管理，否则缺乏灵活性，也会导致计划落空。

（3）关注计划时刻提醒自己，尤其要注意日程表。

（4）当做出一个对生活和工作极其重要的决定时，请考虑自己的构想和行动规划，并确保正在仔细考虑的决策与自己的发展目标相符。在有些情况下，可能有一些重要的诱因，能获得短期内的收获，但从长期考虑，有损失。

（5）向大多数人公开计划，先征求别人的意见和建议，再采取行动。一方面，可以集集体的智慧，设计最佳的策略和方案；另一方面，以对自己进行约束，增加责任心及力量。

（6）保证至少每三个月检查一次自己的工作进度。过程监督十分重要，监督可以发现计划的问题，可以考察计划的落实情况，可以有针对性地提出解决方案。

第三节　目标的分解与组合

将大目标分成小阶段

火箭飞向月球需要一定的速度和质量。科学家们经过精密的计算得出结论：火箭的自重至少要达到 100 万吨，而如此笨重的庞然大物无论如何也是无法飞上天空的。因此，在很长一段时间里，科学界都一致认定：火箭根本不可能被送上月球。直到有人提出"分级火箭"的思想，问题才豁然开朗起来。将火箭分成若干级，当第一级将其他级送出大气层时便自行脱落以减轻质量，这样火箭的其他部分就能轻松地逼近月球了。分级火箭的设计思想启示我们：学会把目标分解开来，化整为零，变成一个个容易实现的小目标，然后将其各个击破。这不失为一个实现终极目标的有效方法。

1984 年，在东京国际马拉松邀请赛中，名不见经传的日本选手山田本一出人意料地夺得了世界冠军，当记者问他凭什么取得如此惊人的成绩时，他说了这么一句话：凭智慧战胜对手。

当时许多人都认为他在故弄玄虚。马拉松是体力和耐力的运动，说用智慧取胜，确实有点勉强。两年后，意大利国际马拉松邀请赛在意大利北部城市米兰举行，山田本一代表日本参加比赛又获得了冠军。记者问他成功的经验时，性情木讷、不善言谈的山田本一仍是上次那句让人摸不着头脑的话：用智慧战胜对手。

10 年后，这个谜终于被解开了。山田本一在他的自传中这么说：“每次比赛之前，我都要乘车把比赛的线路仔细地看一遍，并把沿途比较醒目的标志画下来，比如第一个标志是银行，第二个标志是一棵大树，第三个标志是一座红房子，这样一直画到赛程的终点。比赛开始后，我就以百米的速度奋力地向第一个目标冲去，等到达第一个目标后又以同样的速度向第二个目标冲去。40多千米的赛程，就被我分解成这么几个小目标轻松地跑完了。起初，我并不懂这样做的道理，我把我的目标定在 40 几千米处的终点线上，结果我跑到十几千米时就疲惫不堪了，我被前面那段遥远的路给吓倒了。”

确实，要达到目标，就像上楼一样，不用梯子从 1 楼到 10 楼是绝对蹦不上去的，相反，蹦得越高就摔得越狠，而必须是一步一个台阶地走上去。就像山田本一一样将大目标分解为多个易于达到的小目标，每达到一个小目标，都使他体验了“成功的感觉”，而这种“感觉”强化了他的自信心，并推动他稳步发掘潜能去达到下一个目标。

教师职业生涯目标的实现可以用一系列的阶段来表示。为了顺利进入每一个新阶段，应该根据新阶段特点制定分目标。你可以根据观念、能力、知识差距，将职业生涯的远大目标分解为长、中、短期目标，直至将目标分解为确定日期的可采取的具体步骤。

目标分解是将目标具体化、清晰化的过程，是将目标量化为可操作的实施方案的有效手段。一般来说，分解目标有两种途径，一种是按时间来分解，一种是按性质来分解。

按时间，目标可以分为最终目标、长期目标、中期目标、短期

目标；按性质，目标可以分解为内职业生涯目标和外职业生涯目标。

那么什么是内职业生涯目标和外职业生涯目标呢？

美国心理学家施恩最早提出将职业生涯分为外职业生涯和内职业生涯。为了便于理解，我们引入程杜明博士的定义：外职业生涯是指从事职业时的工作单位、工作地点、工作内容、工作职务、工作环境、工资待遇等因素的组合及其变化过程。外职业生涯的构成因素往往是由别人给予的，也容易被别人收回。

内职业生涯是指从事一项事业时所具备的知识、观念、心理素质、能力、内心感受等因素的组合及其变化过程。内职业生涯的各项因素要靠自己的主观努力才能实现，别人只能起辅助作用。

内职业生涯的发展要以外职业生涯的发展作为前提，许多教师外职业生涯取得了成功，但内心极为苦闷，这是因为外职业生涯发展是以内职业生涯发展为基础的。所以，作为教师的你在职业生涯的各个阶段，都要把内职业生涯的发展作为主要目标。

根据内、外职业生涯的内容，我们可以把长期目标、中期目标和短期目标分解出各自具体的内职业生涯目标和外职业生涯目标。

外职业生涯目标包括以下内容：

职务目标：这项目标要具体明确。如，你想成为一名校长，这样的目标定位就很模糊，一定要"专业＋职务"才能明确具体地描述出你所想要达到的职务目标。

工作内容目标：这一目标对于教师职业生涯的发展尤其重要，一定要体现你在其专业领域取得的成果及相应的职称晋升。因而具体可行的工作内容目标才是规划的重点。

比如，某高校青年教师职业生涯的目标是在做好本职工作的同时成为污水处理专家。达到这个目标需要坚实的环境科学知识理论基础，涉及环境化学、环境生物学、环境工程学、计算机应用技术等和大量的治理实践经验。她现在从事"环境化学"这门课程的教授，但缺乏实践经验。那么她两年内的工作内容目标就可以定为：教授"环境化学"课程的同时，利用业余时间充电，在核心刊物上发表两篇关于废水处理的论文，参与一项废水处理方面的重大课题，并完成课题报告。

经济目标：收入是教师工作必不可少的回报，毕竟谁也离不开生存的物质基础。你在职业生涯规划中列入收入期望也无可厚非。关键是要根据自己的能力和实际情况，规划出一个具体的数目。

比如 30 岁之前赚取 10 万，40 岁之前赚取 40 万，等等。这些数字将在日后成为你工作的重要激励源。

最后，如果你对工作地点和工作环境也有目标，不妨也列出来。

内职业生涯目标的分解应该和外职业生涯目标的分解同时进行，而内职业生涯目标是尤其需要重点规划的内容。具体包括：

工作能力目标：工作能力是对处理职业生涯中各种工作问题的能力的统称。教师的工作能力主要有学科能力、课堂管理能力、课堂教学能力、研究能力等。你在制定工作能力目标时，也要充分了解自己的情况，切合实际，并与该阶段的职务职称目标所要求的条件相适应。

工作成果目标。这项目标也是绩效考核的一个重要指标，扎实的工作成果既是教师荣誉感、成就感依据，也是晋升之途的阶梯。

比如：某校长的工作成果目标为力争在 3 年内使自己所在学校成为市级重点中学。

提高心理素质目标。这项目标既包括经受挫折、包容他人非议，也包括在暂时成功面前保持清醒冷静，它是半途而废与最终成功的试金石、分水岭。作为一名教师，为了职业生涯的蓝图能够实现，就一定要提高自己的心理素质。

观念目标。观念目标是指对人对事的态度和看法。作为教师，你要随时更新自己的观念，让自己站在前沿地带，把教学相长落到实处。

教师在职业生涯规划中要有效地运用"目标分解法"，需遵循以下几个基本原则：

（1）不求快。因为"求快"就会造成对自己的压力，欲速则不达。

（2）不求多。因为"求多"会让自己无力承担，丧失累积的勇气。

（3）不中断。因为一旦中断，会影响累积的效果和意志，功亏一篑。

不同目标之间的组合

目标组合是处理不同目标相互关系的有效措施。如果只看到目标之间的排斥性，那么就只能在不同目标之间做出排他性选择，并痛苦地做出"二者必居其一"的选择；如果能看到目标之间的因果关系与互补性，就能积极进行不同目标的组合。目标组合有时间组合、功能组合和全方位组合三种。

教师职业生涯目标的时间组合可以分为并进和连续两种。

并进指同时着手实现两个平行的工作目标。作为教师，如果精力和能力允许，你可以考虑在教学、科研、行政这些组合中两种不同方向的工作内容目标和工作成果目标，以及相应的工作能力目标等。它们并行存在，互不矛盾，有利于开启潜能，在同样的时间内迎接更大的挑战。

比如，学校的院长、系主任，一般同时肩负教学科研专业技术性工作和行政、科研、外事管理工作，完成一定的教学任务，做出科研成果和进行院系管理事务需要同时并行，这时两种不同方向的工作内容目标和工作成果目标，以及相应的工作能力目标等就并行存在，互不矛盾，做优秀的教师和做合格的院长、系主任两个目标完全可以同时进行。只不过，作为院长、系主任要比普通教师付出更多的时间和精力。

连续是指以时间为纽带，将各个目标前后链接起来，实现了一个目标后，再紧接着进行下一个。比如，教师职业生涯发展大周期所包括的适应期、成长期、成熟期、高原期、超越期五个阶段（小周期），这五个阶段共同组成了教师职业生涯。

作为教师，有一个职业生涯总目标，而这五个小阶段本身的目标就是具体的设计目标，只有完成前一个阶段的具体目标，才能紧接下一个阶段的具体目标。一个个具体目标链接起来，就构成了目标链。总之，将各个阶段目标链接起来，加上一个时间表，再加上一个衡量目标达成结果的评估方式就形成了设计目标体系，就完成了目标的时间组合。

教师职业生涯目标的功能组合存在因果关系和互补关系。有些目标之间存在着明显的因果关系。如前面我们说到的工作能力目标、职务目标是因，而收入目标是果。它们表现为这样的关系：工作能力提高——工作成果目标显著——职务提升——达到经济目标。

生涯规划与自我实现
Shengya Guihua Yu Ziwo Shixian

通常情况下，内职业生涯是因，外职业生涯是果。教师职业生涯目标从因到果的良性循环应该是：观念目标——掌握新知识目标——提高工作能力目标——职务晋升目标——经济收入提高目标。

一名教师成为讲课能手，同时又获得在职教育硕士学位，这两个目标之间存在着直接的互补关系。因为教学为在职教育硕士学位的理论学习提供了实践基础，而在职教育硕士学位的理论学习又丰富了教学实践的理论性。

全方位组合是指职业生涯、个人和家庭三者和谐发展。生涯规划的要义是"编织生命的辉煌"，不是只强调事业辉煌，而不顾身体或家庭幸福。事业只是美满生活的一部分，而不是全部，完美的教师职业生涯要全方位地组合，不应把生活的内容排斥在外。只有这样，才能使职业生涯规划可持续发展、和谐发展。

第四节　在合作中达成自我实现

我们知道，许多体育运动都需要团体配合和同伴互助，比如足球、篮球、棒球，等等。如果没有队友的精妙配合，贝利、乔丹等球星恐怕不会在球场上光芒四射、熠熠生辉。体育运动离不开队友的配合，从事教育工作又何尝不是如此。

先让我们看如下的案例：

学年初，学校安排吴老师和李老师搭班。李老师是刚从师范毕业分配来的新老师，教六年级的数学，兼任班主任工作。而吴老师是已有十年教龄的中青年骨干老师。李老师上任不到一个星期就遇

118

到了几件棘手的事情，他不知道该如何解决，于是便将心中的苦恼告诉了吴老师，希望得到他的指点。

第一件事是他的班上有一个后进生叫小明，不听管教，十分顽皮，一下课就抱着篮球往操场上跑，根本无心学习，被点名批评了几次，还是我行我素。第二件事是他布置的课后思考题没人重视，大部分学生只对流行歌曲感兴趣，整日哼唱，教室简直就成了歌厅。第三件事是班长竟然不做家庭作业，他一气之下就撤了他的职，不撤还好，一撤职，他反倒更加散漫。

小明五年级时吴老师曾经教过他一学年，这个学生十分喜欢打球，是校篮球队的主力队员，只是学习成绩不够理想，勉强升入了六年级。但在同小明教练的谈话中，吴老师了解到，小明在球场上表现积极，拼劲很足。他把这些情况和李老师及时做了沟通。第二天的晨会课上，李老师在吴老师的导演下演出了下列一出戏：

"同学们，当班主任一个星期了，有一个情况我刚了解到，令老师打心眼里高兴。小明是一名篮球好手，曾为我校取得男篮六连冠立下了汗马功劳。他这种顽强拼搏的体育精神值得我们大家学习。"

李老师在说这番话时，将一束束赞许的目光投向小明。他接着说："现在，经老师慎重考虑，决定由小明担任我们班的体育委员，大家说好不好？"

话音刚落，全班响起热烈的掌声。

后来，李老师告诉吴老师，小明因为受到这次特别表扬和"破格提升"后，信心倍增，学习劲头足了，期中考试竟然在全班排名第九，他写的一篇《我受到意外表扬》的作文还变成"铅字"发表了。

针对李老师反映的第二件事，吴老师和其他老师交换意见后，提醒他，能否根据同学们的兴趣爱好，把音乐引入班级管理呢？

李老师心领神会，第二周便邀请吴老师参加班级的"我们的班歌"主题中队会。原来他按"勤奋、团结、守纪、向上"的班训对一首流行歌曲重新填了词，把它变成了班歌。这首朗朗上口的班歌深得同学们的喜爱，在课间的时候都能听到许多同学在哼唱。与此同时，李老师还向同学们推荐了十首优秀少儿歌曲，并约定元旦期间在班里举行少儿歌曲演唱比赛。

针对第三件事，吴老师跟小李回忆起自己刚任班主任时经历的一件事。在一次模拟考试中，班长张丽由于平时学习不抓紧，导致考分过低影响了班级的平均分。他对此十分恼火，当着全班同学的面批评了她。没想到，从那以后，张丽的情绪更低落了，经常一个人偷偷哭泣，他这才意识到自己的言辞过激，伤害了孩子的自尊心。后来，他及时找她谈话，虽然张丽渐渐恢复了情绪，但这件事却在吴老师心中打上了深深的烙印。

李老师从吴老师讲的这件事中深受启发，他找时间与自己班的班长谈了话，并巧妙地向他道歉，并恢复了他的班长职务。不久，一篇洋洋洒洒近千字的《我错了》的作文放到了李老师的办公桌上。读罢孩子情真意切的文字，李老师仿佛看到了孩子那颗亮晶晶的童心……

在上述案例中，李老师由于刚刚步入工作岗位，缺乏工作经验，难免在处理与学生的关系上出现问题，吴老师知道后，便对李老师的工作给予了热情的指导和帮助，毫无保留地把自己在类似问题上的工作经验和教训传授给他，使李老师受益匪浅。这就充分体现了一个"老教师"良好的合作精神和团队意识。

作为教师，在职业生涯中，光靠自己的力量是很难实现自己的宏伟目标的，你必须借助外力，学会合作。一般来说，可以通过同伴互助和校外合作来促进自己的发展，并最终实现职业生涯目标。

同伴互助是你在职业生涯进程中必不可少的外部力量之一，在同伴的互动中，大家可以共同分享经验，互相学习，彼此支持，共同成长。基本的同伴互助形式包括交谈、协作、帮助等。

（1）交谈。交谈有着不同的层次区分，浅层次的交谈主要是信息交换和经验共享，信息和经验只有在对话中才能被激活，教师只有通过交谈，不断从伙伴中获得信息、借鉴和吸收经验，才会少走弯路，发展自身。深层次的交谈主要是专业会谈和专题讨论，专业会谈是一个相对自由开放的发散过程，这个过程是最具有生成性和建设性的，它会冒出和形成很多有价值的新见解；专题讨论是教师在一起围绕某个问题畅所欲言，提出各自的意见和看法，在有效的讨论中每个教师都能获得单独学习所得不到的东西。

（2）协作。协作指教师共同承担责任，完成某项任务。在课程教学过程中，往往要求许多教师共同承担研究课题，或者他们具有相同或相似的困惑和问题，这样组织成为协作的团队。在协作中要发挥每个教师的兴趣爱好和个性特长，使教师在互补共生中成长，同时也要发挥每个教师的作用，每个教师都要贡献力量，彼此在互动、合作中成长。

（3）帮助。在教师队伍中，总有一些教师有着这样或那样的专长，也存在许多经验丰富的教师，他们可以作为相互交流中的核心人物，承担起帮助和指导其他教师任务，使其尽快适应角色和环境

的要求。例如，现在学校中的骨干教师、学科带头人是教师中德才兼备的优秀人才，是教师队伍的核心和中坚力量。骨干教师、学科带头人要在同伴互助中发挥积极作用。

同伴互助中，同伴之间会有经常的争论、探讨、争辩、辩论。为此，同伴之间要做到：

（1）各抒己见，自圆其说。强调教师独立思考，发表自己的见解，不人云亦云，不牵强附会；强调对自己的观点尽可能地进行解释、说明、阐述。

（2）观点交锋、讨论争鸣。强调不同的观点的对撞、交锋、比较、鉴别。

（3）不作结论，各取所需。强调个人的消化吸收在自己的感受、认识、体验、经验与别人的感受、认识、体验、经验之间进行对接、兼容、批判。保留不同意见，保护不同的见解。

从国外的实践来看，教师自我发展离不开与校外机构之间的合作。这些校外机构包括大学、教育研究院所、商业或者企业机构以及社区等。

与大学教授及教育研究机构的专业研究人员合作，你可以了解最新的教育理论，可以获得更多的外部资源的支持，尤其是智力的支持。大学尤其是从事教师教育的机构和教育专业研究机构，有丰富的教育资源以及促使教师发展的资源，包括教育研究信息、政策信息和实践信息等，有致力于教师教育的教学人员以及教师发展研究的专业人员。

与社区、工厂、公司或者其他非学校的机构的合作，可以增强学校与社区的联系，帮助作为教师的你认清现实世界的问题，并在工作场地予以学术的解释，巩固和扩大对自身知识及其作用的价值观，以及培养你将学术性的学生学习与社区服务结合在一起。

　　由此可见，与大学、教育研究机构和社区有关人员合作，将使你的学习更加科学、更加有效；将使你的教学经验得到理论的升华；将使你更加清楚教育改革发展的趋势，进而提升自己的专业化水平。

第六章　分清阶段，各个突破

　　按照教师职业发展的五阶段论，我们把教师的职业生涯分为五个阶段，即职业适应期、职业成长期、职业成熟期、职业高原期、职业超越期，并分别为处在不同发展阶段的教师拟定个性化的行动方案。

　　目前你处在职业生涯的哪一阶段？这一阶段你应该如何度过？……在为自己描绘了美好的人生蓝图后，你还需要根据所处的职业生涯阶段来为自己策划一个具体的实施方案，否则，目标只是空中楼阁，永远也不可能实现。

第一节　适应期：融入环境

　　教师职业适应期一般是指教师在角色心理上完成了从学生到教师的过渡，全面进入教师的角色，逐渐适应学校和周遭的环境，教学工作逐渐步入正轨，但是在教学方法等方面还缺乏灵活性和创新性的时期。一般来说，师范院校处于实习阶段的学生和大学毕业从事教师职业 1~3 年的教师都处于教师职业的适应期。

　　如果你处在教师职业生涯的适应期：

　　我们先来看看一位优秀师范毕业生的案例，从中了解教师在职业生涯适应期的特征。

小许是师范大学数学系的一名优秀毕业生。在校期间，他曾多次获得专业基本功大赛的一等奖，系里举行说课比赛，小许从容大方的教态、流利清晰的语言表达、灵活敏捷的教学思路赢得了老师和同学的一致赞赏。

毕业分配时，很多学校都向小许抛出了橄榄枝，经过慎重考虑，小许最终选择了一所离家乡较近的初中任教。小许对自己的未来充满信心，他坚信，不久的将来自己一定能够成长为一名优秀的教师。

入职以后，小许将自己的精力和时间尽可能多地投入到教学工作中，自费购买了大量的教学参考书，每天早来晚走，精心备课，认真批改作业。为了构建和谐融洽的师生关系，他还利用课余时间和学生一起活动。本以为这样就能达到预期的效果，但他慢慢发现事情并不像他想的那样发展。

首先，他遇到了学生管理的难题。在他的班级里有几个特别调皮的孩子，每次上小许的课，这几个孩子就交头接耳、窃窃私语，不认真听讲，小许批评教育了几次都没有效果，他们反倒更加放肆，在他们的带动下，每次小许上课，班里就跟开了锅似的。小许喊破了嗓子也无济于事。

这让小许产生了深深的挫败感，与此同时，他还感到教学上的无助。学校建立了教师教学质量考核制度，任教成绩的高低直接与考核奖金挂钩。所以，周围的老师都各人忙各人的教学，有时小许想请教一些教学方面的问题，他们也都顾不上。期中考试过后，小许教的班出现了严重的两极分化现象，平均成绩排在年级最后。

班主任一肚子意见，跑到教务主任面前发牢骚："安排老师的时候，我说不要大学刚毕业的吧，你打保票说他是一个业务精、能力

强的老师，现在成绩下来了，不还是倒数。"

几位其他学科成绩较好的学生家长也频频向校长反映："该班上课纪律太差，老师管不了学生，还是换位有经验的老师吧，再这样下去，我们孩子的数学成绩就差太多了。"

校长迫于各方的压力，找小许谈话："小许啊，你在大学里没学教育学、心理学吗？"

"怎么没学过，我这两科的成绩还是全班最高分呢？"

"那你上课怎么管不住学生呢？学生上课捣乱，还是因为你的课没有吸引力啊。"

小许听了校长的话，感到很委屈，他觉得大学里学的心理学、教育学根本就用不上，自己花了大量心血准备的课，怎会没有吸引力呢？

从此，小许的心理压力更大了，原有的工作热情逐渐变冷了，整日无精打采，他陷入了深深的迷茫之中……

像案例中小许这样刚刚入职的老师，我们常常称他们为"新手老师"、"生手老师"。处于这一时期的老师刚参加工作不久，对教育教学的认识和理解还处在体验和模仿阶段，专业知识技能发展亟待提高，在实际的教学活动中也往往循规蹈矩，灵活不足。而且其角色的转换和定位常常出现失衡与错位的现象。在人际关系方面，又面临来自各方面的怀疑、猜测和观望，再加上往往被学校作为工作的重点而备受关注，这些都给了新教师莫大的压力。

面对上述种种教师适应期的典型特征，作为新手的你在制定行动方案时不妨从以下几个方面着手：

（1）根据自己的个人情况绘制教师生涯导航图。

（2）尽快熟悉教学和环境，包括了解学校的整体状况、熟悉学校的各项规章制度、了解自己所在的年级和班级、尽快熟悉同办公室的老师。

（3）选择一位良师。选择一位优秀的老师作为自己的导师，通过对其教学及管理的先进经验的学习，尽快弥补自身的不足，加快成长的步伐。

（4）尽快融入团体。适应期的你仅仅依靠一位老师的指导显然不够，你需要让自己置身于一个团结、互助的工作团队中。

最后，要苦练教学基本功。作为一名老师，具备过硬的教学基本功将为终身的发展打下良好的基础。基本功包括知识更新能力，科学处理教材的能力，组织教学、从容应变的能力，清晰表达、缜密思维的能力，情感交流、合作互动的能力以及教学反思、研究提升的能力。

第二节　成长期：磨砺与提高

教师职业成长期我们一般也称其为教师职业发展期，顾名思义，这一时期是教师完成角色转换、逐渐适应教师职业角色后的一个重要发展时期。一般来说，入职以后第 4～7 年的老师便处于职业成长期。处于这一时期的老师已经适应并能胜任教师工作，对教师职业有了更深层次的认识。

如果你处在教师职业的成长期：

我们也通过一个案例来了解教师在这一时期的共同特征。

小张师范毕业后被分配到一所农村小学教语文，虽然他很快就

适应了语文教师的工作，却没有切实体会到为人师表的快乐，随之而来的却是沮丧和失落。反复思索后，他选择了脱产进修地理。

毕业后，小张被分配到一所农村初级中学教地理，但此时地理学科已经退出了会考的舞台，学生的学习兴趣与学习劲头已经大不如从前。他又一次感到自己的工作失去意义，尽管他的赛课获得了县一等奖。他开始产生惰性，和同事打牌、喝酒，无休止地麻痹自己。

然而，在这个时候，偶然的阅读让小张重新反思自己的职业道路，他决定读专升本，凭着扎实的基本功，他顺利考进了教育学院，这次，他终于选择了自己喜欢的中文。

毕业后，由于学习成绩突出，小张被推荐到县城第一中学教语文。开始的阶段，因为没有上过高中，他的功底无法使他应付大量的高考试题。于是，他利用业余时间，深入研读语文课文，在读书时也注意以教材为核心进行延展性阅读。经过不懈的努力，他的课堂开始生气勃勃，学校对他的重视也与日俱增，他教学的班级也由普通班到重点班，由重点班到实验班。而且在许多学生的心目中，小张是自己遇到过的最好的语文老师。

小张老师和大多数老师一样，在经历了短暂的职业适应期后，很快就进入了职业成长期。处于职业成长期的老师已基本适应了教育教学工作，班级的管理与教学质量也有了明显提高；他们能找到提高自己的方向，并积极地锤炼和提升自己；教育智慧化程度也有了全面提升。在这一时期，作为教师的你在做职业规划时，要注意以下几点：

（1）正确分析自己，寻找发展的突破口。作为一名职业成长期的老师，在各个方面都有了一定的积累。此时就要在全面分析自己的基础上，寻找发展突破口，寻找适合自己的发展定位。在准确定位的基础上，利用"田忌赛马"的战略战术，充分发展自己的优势。

（2）坚持学习，厚积薄发。成长期的你首先要学习专业知识，努力掌握所教学科教材的知识体系。其次要学习适用的相关知识，因为现今各门学科的知识都不是孤立的。此外，还要在正确分析自己的基础上确定学习的主要方向，如以课堂教学为发展方向，就应加大课堂教学理论的学习和名师教学行为的研究与学习。规划自己的学习要做到规律化、应用化，即固定学习时间与学习内容，将学习与实践紧密结合，学以致用。

（3）学会反思，提升自我。教师职业生涯是一个不断探索、实践和反思的过程。通过反思，总结实践经验，寻找缺点差距，使自己的知识水平、教学经验等进一步提升。

（4）走进科研教育，在游泳中学会游泳。作为教师的你不但是实践者，也是研究者。参加教育科研是教师成长的必由之路。成为名师，不能只埋头苦干，更要学习掌握教育规律，提高教育理论水平，只有这样，你的工作才会事半功倍。处于职业成长期的你不同于专业的理论工作者，应该注重实际问题和实践应用。科研选题应该从自己熟悉的领域出发，以行动研究、案例研究为主，将理论落实到实践，在实践中检验自己的理论，在实践中提升自己。

（5）构建和谐的师生关系。

徐州市的一位特级教师有一次在执教公开课时遇到一件事：一女生在朗读课文时将一个外国人名读错了。这位老师立即给她纠正，并要求该生重读。谁知她又读错了，老师鼓励她重读，直到第八遍

这位女同学才将读音读正确。老师立即为她竖起大拇指，表扬她七次失败都不气馁，并告诉她外国人的名字就是难读，自己也是读了好多遍才读对的。

这件事对这名学生的成长进步一定会产生巨大作用。所以根据学生的特点，多了解学生，并时常在学习时的分组、提问、表扬中恰当地表现这种期望，都会使你在教育教学中产生巨大的亲和力，实现与学生心灵上的"零距离"。

第三节 成熟期：继续前进

成熟期是一个教师完全适应教育教学工作的时期。一般来说，入职以后第8～20年的老师处于这一时期。部分处于这一时期的老师完全掌握了教学工作的主动权，形成了自己独特的教学风格，成为学校的教学骨干。

如果你处在教师职业的成熟期：

我们来看下面的案例了解成熟期教师的一些普遍特征。

张老师在教师岗位上已经工作了8年。8年来，她一直在当地的一所重点小学任教，现在，她担任语文学科的教学，并且兼任教学副校长的行政职务。

在学生时代，张老师就被评为优秀师范生。当她带着优秀毕业生的光环来到学校时，所有的人都对她另眼相看。所以，虽然她毕业的时候就已经是大专学历，在小学属于学历层次较高的老师，但仅仅用了3年时间，她又在工作之余拿下了汉语言文学专业的本科学历，成为学校乃至于当地小学教师中的领头雁。

在担任班主任期间，由于工作出色，她被评为"优秀班主任"；在教学上，由于业务能力突出，她又被任命为教研组长，并带领全组老师夺得了"市级优秀教研组"的称号。

在工作中，她善于反思和总结，独立主持了几项课题研究，都搞得有声有色，并发表了多篇文章。在担任教研室主任工作时，她又乘着课程改革的东风，带领全校教师开发了当地第一套校本课程，并颇具匠心地开展了几次在全省范围内都产生了一定影响的教学开放活动，打造了学校的科研品牌。由于在业务能力上不断钻研，她被评为市级骨干教师，并应邀到各地讲学，参加学科教材的建设，反响很好。

在她事业蒸蒸日上的时候，她却毅然放下手中的一切，选择进入高等学府攻读教育硕士学位。一年后，她以一种崭新的姿态回到学校，在竞选中被推选为学校分管教学的副校长。

像张老师这样的教师在学校里是属于最受欢迎的成熟期老师。在这个阶段，教师熟练掌握了教育教学所需要的各项技能，对教育教学工作有自己独特的认识和理解，形成了自己的教学风格，具备了较强的教育教学科研能力。此外，还拥有良好的人际环境，作为教学骨干得到了各方面的认可。

成熟期的你处于个人职业发展的关键时期，如果能够利用已有的有利条件，就有可能向更高层次发展；如果不能抓住有利时机，也可能停滞不前，永远停留自傲一名熟练的工匠阶段，甚至进入职业高原期，出现职业倒退。所以处在教师职业成熟期的你在制定行动方案时要围绕以下几个方面进行：

培养成就意识。心理学上的"人的智能减退法则"告诉我们，

当一个人的智能不断运用、不断开发时，人的智能会得到提升；当一个人的智能长期处于睡眠状态时，会自动减弱。成就意识是激发教师智能的催化剂，一个老师，只要有了积极的教育态度，就会有突破常理的超越。有位特级教师，普通话不好，但后来他朗读课文却能催人泪下；有位年轻教师，学生时代时字写得不好，但现在他的板书叫人赞叹。这些看似不可能的转变都是强烈的成就意识催化而成的。

加入专业组织。参加专业组织对成熟期老师的发展有很大影响。它可以使教师抛开学校狭小范围的限制，与其他同行进行有意义的对话。这些组织通常就是使教师处于专门领域最新教学方法最前沿的最佳平台。

加强对教育发展的前瞻性和预见性。有一位名人指出："眼光决定前景，心态决定命运。"

处于成熟期的你，是否有超前的眼光和开阔的心境是决定你日后发展的关键。

在进行实践科研的时候，你尤其要开阔自己的视野，多方面地学习和汲取信息，以使自己更快地迈进新的发展阶段。

不断积累。要有意识地利用有利的外部条件和资源，为自己创造最优的发展环境。如主动向领导争取承担额外的责任或任务，进一步表明自己的能力，确立自己在学校中的地位；参与一个教学科研项目的研究，得到专家的鼓励、引领；不断提升个人专业化水平，获取舆论界和行政领导的扶植，为自己的专业成长提供全方位的支持。

第四节　高原期：评估与调整

职业发展高原期是指教师成长过程中的一个相对静止的状态。多数老师在入职以后的 20～30 年间，会处于"高原"状态，即教育教学水平停滞不前，甚至出现倒退的情况，渐渐丧失对教育工作的热情。

如果你处在教师职业高原期：

我们先来看两个案例：

孙老师，42 岁，从教 22 年，是一个普通初级中学的教导主任，教数学。大专毕业的她，连续担任了 20 多年的班主任，而且所带班级连年被评为优秀，孙老师也多次受到嘉奖，还被评为市级优秀教师，为此孙主任感到十分自豪。虽然教学业绩十分突出，但是她的高级职称迟迟没有评上，因为评高级职称必须要有本科文凭。谈到今后的打算，她说："我一开始就不应该当老师，我不喜欢和书本打交道。可是我这个人做事又不愿意落后，当了老师就不能误人子弟。幸好和学生在一起时，我还是比较开心的，他们毕竟是孩子。我们国家的评价机制有问题，我们教的是初中数学，为什么评职称要考外语，真是折腾人。现在我的高级职称终于拿到了，我终于可以歇歇了，最好就上上课，有时间多陪陪自己的孩子，让他顺利地考上重点高中。"

何老师，44 岁，性格比较内向，从小生活在农村。大学毕业后回到家乡，在家乡的一所乡级中学教语文。由于工作认真负责，3 年后，他被调到县中。很快就成为学校的教学骨干，并在全市有一

定的知名度。市里的一所重点高中想调他去，他心想市里的工作、生活环境比较好，机会也多一些，而且孩子将来上学也比较好，于是他欣然前往。

可是到了市里以后，情况并不像他想的那样乐观，由于初来乍到，与同事关系比较陌生，加上他来自农村，同事难免对他有非议，这使他的自尊心受到极大的伤害。虽然随着时间的推移，大家对他的教学能力的评价有了很大改变，但他依然感觉失落。整天忙于工作，很少有空闲的时候，看看周围同龄人，大都在为房子、孩子忙碌着，他也就随了大流。在一次体检中，他被查出了高血压，他感叹道：

"我感觉现在的生活平淡无味，整天机械地忙碌着，没有时间停下来思考。学校的竞争也越来越激烈，我一天到晚都在学校，可是花了那么多时间，也没见到有什么效果，教育的意义已经索然，别说学生厌学，我都感到厌教了。但这就是现实，我每天都要面对。教师吃的是良心饭，对得起学生就对得起自己了。但是现在身体弄成这个样子，不值得，还是要善待自己，否则白忙活了。"

上面这两位老师就处在教师职业生涯发展周期中的特殊阶段——高原期。"高原现象"本是教学心理学中的一个概念，指的是人类在学习过程中的一种带规律性的现象，即在学习的一定阶段往往会出现进步的暂时停顿甚至下降的现象。

美国职业心理学家最早提出"职业高原"现象，认为"职业高原是指在个体职业生涯中的某个阶段，个体获得进一步晋升的可能性很小"。高原期的特殊状况往往会影响教师的职业发展。

作为教师的你，不妨认真回想一下，你是否有上述案例中那两位老师遭遇的困境，是否常常感到有不同程度的挫折或者倦怠感，是否觉得自己正徘徊在教师职业生涯的十字路口，不知道该何去何从。

从年龄上看，处于高原期的老师一般都在 40 岁左右。首先表现为体能的下降，你是否感觉自己常常力不从心，失眠、多梦，如果身体被查处有疾患，就会在思想上也有负担。

其次，处在高原期的老师往往缺乏成就动机，因为处于这一时期的老师往往评上了高级职称，滋长了自满情绪，失去了专业发展的热情和动力，对未来没有太大的期许，因为缺乏目标而彷徨不前，就像案例中的孙老师那样，只想多照顾家庭。

处于教师职业高原期的教师通常由于家庭负担过重，而教学压力不减，会出现一定的职业倦怠感和挫折感；由于过分依赖过去的教学经验，容易出现经验主义倾向，因循守旧，墨守成规，制约了自己的发展。

还有一部分老师走入职业高原期是因为过分看重和依赖过去积累的教学经验，不愿意求新求变，习惯于按过去的经验办事，因循守旧，墨守成规，排斥新观念、新方法，这样就限制了自己向更高层次发展。

针对高原期老师的种种特征，如果你处于高原期，在为自己的未来做规划时要从以下几个方面着手。

首先要进行全面的自我诊断和自我评估。你也许从来没有认真审视过自己，或者已经很久不曾认真想过自己未来的发展道路。那就不妨静下心来，无论是自我反思也好，或者是借助专门的工具，抑或是请他人来评估，你都要重新利用我们在前面介绍过的方法认

真审视自己，重新为自己确立一个明确的目标。不妨问自己以下三个问题：我想往哪一方面发展？我能往哪一方面发展？我可以往哪一方面发展？

其次，要进行系统、针对性的学习。如果你以往都是依赖于自己的经验"吃老本"，那么如果你想尽快走出高原期，那就必须进行学习。学习的途径有很多，比如参加更高学历的进修。著名特级教师王生以从参加工作后便开始进修本科，然后又进修了硕士直至获得了博士学位，他就是高原期老师学习的典范。然而对于大部分老师来说，由于种种原因，参加进修比较困难，那么你可以进行校本研究，在日常工作中发现问题，多利用周围的资源，比如向有经验的老师请教，出外参观学习等，这些都是很有效的学习方法。

一位老太太整天待在家里心情忧郁，对任何事情都不感兴趣。医生在她家里发现了一盆紫罗兰花。于是对她说花真漂亮，是送给邻居的最好礼物。老太太真的给邻居送了一束花，体会到了久违的无比喜悦的心情。从此，种花、给人送花成了老太太生活中的一件乐事。

紫罗兰以神奇的力量唤醒了老太太的生活激情，改变了她的生活，让她的精神获得了新生。其实，对于高原期的教师来讲，缺乏工作热情，教学上没有创新，一定程度上也与所处的环境有关。因此，适当改变一下教师的教学环境或岗位，对唤醒他们工作热情，重新激发工作状态大有裨益。

除了自我诊断，积极学习、改变教学环境或岗位外，处于高原期的你还可以向组织寻求支持，比如，与学校的领导积极沟通，使他们了解你的困境和继续发展的愿望，寻求他们的帮助。你还可以向上级教研部门反映，争取更多的信息资源。还可以求助于自己的教研团队，让他们帮你出谋划策，尽快走出高原期。

其实，处于高原期并不可怕，是作为教师的你成长过程中的正常现象。进入高原期不必紧张，过分的紧张反而会适得其反，只要利用我们所推荐的方法，摆正心态，积极学习，你就一定能快速平稳地度过高原期！

处于这一时期的教师在制定行动方案时首先要进行正确的综合诊断和自我评估，其次要进行系统地学习，增强发展的后续力。除此之外，还要寻求组织的帮助。比如同学校领导积极对话，与上级科研部门加强沟通，等等。只有这样，才能快速度过高原期。

延伸阅读　教师的职业倦怠及自我调适

所谓职业倦怠，是指从业者因不能有效缓解由各种因素所造成的工作压力，或深感付出与回报不对等而表现出的对所从事职业的消极态度和行为。国外的大量研究资料表明：职业倦怠最容易发生在助人行业的从业者身上，例如医生、律师、警察等，而教师则是职业倦怠的高峰人群。

教师产生职业倦怠后，往往会感到工作没意义、没价值，工作目标渺茫，对教育教学工作失去应有的兴趣，日感焦虑与烦恼，有无助感，缺乏工作自信，缺乏进取心，工作中易躲避困难，敷衍工作，被动应付，从而导致教师的内在潜能难以充分发挥出来，最终影响正常的教育教学工作，同时，还会对教师本人及学生的身心健康造成消极的影响。

一、教师职业倦怠的产生原因

职业倦怠不是对某一特定事件的即时反应，而是在较长一段时期里，对工作中所遇到的压力，在情绪上产生的低强度递进的反应过程。结合当前中小学教师的具体情况来看，导致教师出现职业倦怠的主要原因有以下几点：

1. 职业的特殊性

教师被美誉为人类灵魂的工程师。作为一种特殊的社会职业，教师扮演着多种角色：社会的代表者、社会道德的实践者、人类文明的建设者、父母的代理人、知识的传授者、课堂纪律的管理者、班级的领导者、人际关系的协调者和学生心理健康的维护者。但是实际上，教师不可能把每一种角色都扮演好，这时就会产生角色冲突。同时，部分教师由于对其职业的权利、义务、责任等缺乏清晰、一致的认识而感到对工作无法胜任，形成角色模糊。

角色冲突和角色模糊会导致教师的情感衰竭和教学效能感的下降，引起职业倦怠。根据斯可瓦布、布瑞恩（Schwab 1982，Byme 1992）的研究，角色冲突、角色模糊与职业倦怠之间有显著的正相关。此外，由于信息化时代的来临，学生的知识量大大增加，同时我国进行的教育改革对教师的素质提出了更高的要求，使得教师在很多时候感到力不从心，不能很好地完成教学任务，从而感到知识的枯竭和应对学生问题时方法的枯竭，最终引发职业倦怠。

2. 工作压力大，负担重

从工作的投入来看，工作时间长、劳动强度大、福利待遇偏低，久而久之老师就会对教育工作失去兴趣和动力。据一项调查显示，某地区中小学教师人均日劳动时间为9.7个小时，比其他岗位的一般职工日平均劳动时间高出1.67个小时，娱乐时间少0.5个小时左右，积累起来，年超额劳动时间为420个小时。虽然近年来教师工资有过几次大的调整，但从总体上来看，与劳动性质和强度相当的其他行业相比，中小学教师的工资待遇依然偏低。Brissie等发现，教师的个人回报感越高，教师的职业倦怠水平越低。

从工作的内容上看，教师的教学工作是一项重复性很强的工作，教学内容的不断重复，教学方法的不断熟练，容易使人产生"不新鲜"的感觉，逐步丧失对教学内容、教学方法的探求兴趣，诱发教师产生倦怠感。

从教师实际完成的工作任务来看，与教师职业相关的任务有：①教书，要取得好成绩。②育人，要保证学生遵规守纪，不容闪失。③学历，要"再上新台阶"。④晋升，要电脑、英语双过关。教师本人的学历进修和各种继续教育培训（教师每年要接受不少于72学时的"继续教育"），评职称前的各种达标要求，使个别教师疲惫不堪，顾虑重重。

3. 教学环境的影响

教师的大部分时间都是在学校中度过的，学校各方面的环境对教师职业倦怠有很大的影响。良好的工作环境可激发教师的教学积极性，使教师能够充分施展自己的才能，有利于提高教学质量。反之，不良的学校氛围则容易导致教师的职业倦怠。

有研究发现，当教师感受到学校有一套对教师教学赏罚分明的激励机制，在工作中能感受到更大的自由度和更多的自主权，并且觉得自己能够参与学校的决策时，教师的职业倦怠就会降低。在教

师的工作过程中是否有来自于学校领导的支持、同事的支持、家庭成员的支持以及学生的支持都会影响教师的职业倦怠。

4. 教师的人格因素

研究表明，教师的人格特征影响教师的职业倦怠。个体的人格特征，通常决定着个体的行为方式。有些教师人格存在着不良方面，如怯懦、孤僻、狭隘等，在面临压力时，往往不能采用适当的策略加以应付。我国学者徐富民、朱从书、黄文锋通过研究发现，教师的职业倦怠和自尊存在显著的负相关关系，高自尊的教师易于缓解职业倦怠。另外，那些具有不现实的理想和期望、较低的自我价值与判断、自信心低、对自己的优缺点缺乏准确认识和客观评价的人，很容易引发职业倦怠。

二、教师职业倦怠的表现

据统计，至少有6%~8%的美国教师有着不同程度的职业倦怠。在我国，教师的职业倦怠也同样不容忽视。综合起来，其表现一般有如下几类：

1. 生理－心理症状

从人的主观心理体验上看，教师职业倦怠主要表现为：

（1）抑郁。通常表现为情绪的衰竭、长期的精神不振或疲乏，对外界事物失去兴趣，对学生漠然等。

（2）焦虑。主要有如下几类表现：

◆持续的忧虑和高度的警觉，如过分担心自己的人身安全问题；

◆弥散性的、非特异性的焦虑，如说不出具体原因的不安感、无法入睡等；

◆预期焦虑。如并不怎么关心现在正在发生的事，而是担心以后可能会发生的事。

（3）更常见的症状是在抑郁和焦虑之间变动，当一种心理状态变得不能忍受时，另一种心理状态便占据了主导地位。这些心理行为问题通常伴随着一些身体上的症状，如失眠、食欲不振、咽喉肿痛、腰部酸痛、恶心、心动过速、呼吸困难、头疼、眩晕等。如果教师不及时疏导或宣泄自己的不良情绪，或情绪归因不当，则很可能会产生更深层次的心理行为问题。如有的教师开始失去自信和控制感，成就动机和自我效能感降低，从而产生了内疚感并开始自责。有些教师则将自己的不良情绪及教学上的失败归于学生、家长或领导，变得易激惹、好发脾气，对外界持敌视、抱怨的态度。通常这些心理行为问题都是交叠在一起的，而且不断地发生变化，如有些教师时而感到愧疚，时而感到愤怒。

2. 人际关系问题

教师职业倦怠的身心症状不可能仅限于个人的主观体验，而且会渗透到教师的人际关系网络中，影响到教师与家人、朋友、学生的关系。研究表明，一个人在沉重的心理压力和失调的情绪状态下往往会发生认知偏差，这时，个体倾向于对他人的意图作出消极的判断，从而相应地作出消极的反应。因此，一个人在工作中产生不良情绪后一般都需要经过一段时间的心理调节才能与家人、朋友正常交流。而对于教师这一特殊群体而言，不仅其劳动的特点使教师比其他人更易在工作中产生焦虑、愤怒、抑郁等不良情绪，而且其角色的多重性（教师既是学生的教师，又是一家之长、子女的家庭教师、家庭的主要劳动力和社会的模范公民）也使教师几乎没有时间和精力作出种种心理调节。因此，教师容易在人际关系中表现出

生涯规划与自我实现
Shengya Guihua Yu Ziwo Shixian

适应不良。如与他人交流时沉溺于倾诉自己的不满，没有耐心听取他人的劝告或建议，拒绝从另一个角度去看问题；或表现出攻击性行为，无法用一种理智的、没有伤害性的、对后果负责的方式表达自己或对他人作出反应，如冲家人发脾气、打骂孩子、出口伤人等；另一类行为则是指向内部的，如交往退缩，避免与他人接触，对家庭事务缺少热情等。

3. 职业行为问题

教师心理健康可使学生受益，而若教师出现种种职业倦怠问题，受害最大的自然也是学生。教师的职业倦怠在职业活动中的表现主要有：

（1）逐渐对学生失去爱心和耐心，并开始疏远学生，备课不认真甚至不备课，教学活动缺乏创造性，并过多运用权力关系（主要是奖、惩的方式）来影响学生，而不是以动之以情、晓之以理的心理引导方式帮助学生。时常将教学过程中遇到的正常阻力扩大化、严重化，情绪反应过度。如将一个小小的课堂问题看成是严重的冒犯，处理方法简单粗暴，甚至采用体罚等手段。或者有些教师在尝试各种方法失败后，对教学过程中出现的问题置之不理，听之任之。

（2）在教学过程中遇到挫折时拒绝领导和其他人的帮助和建议，将他们的关心看作是一种侵犯，或者认为他们的建议和要求是不现实的或幼稚的。

（3）对学生和家长的期望降低，认为学生是"孺子不可教也"，家长也不懂得如何教育孩子和配合教师，从而放弃努力，不再关心学生的进步。

（4）对教学完全失去热情，甚至开始厌恶、恐惧教育工作，试图离开教育岗位，另觅职业。这种职业倦怠情绪常常会在教师之间得到互相的强化，从而影响整个学校的士气。

三、教师职业倦怠的调适策略

教师的职业倦怠是由日常工作中的挫折、焦虑日积月累造成的，是一个渐进的过程，一旦产生便容易陷入难以突破的恶性循环中，因而需要教师在平时积极做好自我调适以预防和消除职业倦怠。

1. 调整认知，以开阔的心态认识工作的意义

从事教师职业，与学生打交道、与学生沟通，经常感受到学生的智慧、情感，在这个过程中，不断丰富自己的精神世界，教师可以提升自己的人生品位。同时，心胸要广阔，真正的快乐不在几张荣誉证书，而在师生灵犀相通的默契，心灵的融合不在作秀的公开课，而在真实的课堂。这样想来，很多事情就变得简单多了，因为简单，老师们就会尽力作好自己认为重要的每件事情。

2. 不断追求目标，关爱学生，培养职业情感

有追求才有劲头。每一次的成功，都会带给你快乐、喜悦和成就感。教师正是在一次次成功的愉悦中，不断培养和加深对职业的情感。同时，优秀教师的成功经验告诉我们做教师要克服职业倦怠感，获得幸福感，就要学会关爱自己的学生，使自己在关爱学生中，在学生的成长中获得快乐与幸福。关爱学生才能为学生所爱戴，才能为社会所称道，才能真正从中体验到做教师的幸福与快乐。

3. 积极地自我暗示，学会反思，不断进取

自我暗示就是运用内部语言或书面语言的形成来自我调节情绪

的方法。积极的自我暗示既可激励自己，保持信心，克服困难，又可松弛过分紧张的情绪。例如把"我不行"变成"别人能行，我也一定能行"，把"学生让我很恼火"变成"学生很淘气，但也很可爱"。同时，教师自己也要学会反思，只有经常性反思，才会以人为本，着眼于学生的可持续发展和终身学习。

4. 丰富生活，学会放松，合理调节情绪

教师在工作以外要多从事一些有意义、自己感兴趣的活动，多接收各种有益的知识和信息，多与各种职业、各种层次的人交往，以开阔视野、丰富生活情趣，使自己的角色多样化，避免角色固着。教师们要通过各种方式做到劳逸结合，放松自己。这对舒缓压力和紧张的情绪是非常重要的。如有心理问题可以通过心理咨询和治疗来解决。

第五节　超越期：自我超越

超越期是教师职业生涯进入收获期的重要阶段。并不是每个老师都能有幸进入这一阶段，一个普通老师经过二三十年的努力才有可能达到这一阶段。处于这一阶段的老师对教师职业和教育工作都有独到的理解，他们已把教育理想升华为教育信念，将教育当作一种事业、一种生活方式。

我们先来看一个案例：

刘大伟教师，1983 年毕业于哈尔滨师范大学，1990 年成为当时黑龙江省重点中学中最年轻的副校长。现为哈尔滨师范大学附中党委书记兼副校长，享受国务院特殊津贴专家。2000 年《中国教育报》以"一个优秀教师成长的启示"为题介绍了他的教学生涯。

刘大伟老师将自己在教学上的发展大体分为 3 个阶段。第一个阶段是头 3 年，他称之为"探索期"。在这个阶段里，刘大伟老师完成了由学生到教师的角色转换，而且有了他比较满意的起跑。那是在他工作不满 3 个月时参加的区"教学百花奖"比赛。当时他正处在"摸着石头过河"阶段，教学经验和教学技能无从谈起；有的只是年轻人"初生牛犊不怕虎"的勇气。幸运的是当时组内的两位特级教师和两位高级教师，都是在政治教学领域颇有影响的教师。老教师们手把手地教他备课，教学中的每一个环节都替他考虑到；比赛中，他战胜了所有的竞争对手，获得了一等奖。这次成功给了刘大伟老师信心，使他确信自己"能成为一个好老师"。

在探索期，刘大伟老师自身较为全面的素质帮助他迅速适应与过度。他强调：全面的素质对于一个有发展前途的青年教师来说是至关重要的。一个好老师应当"博"一点，"杂"一点。高素质决定了高起点，这样的老师完全可以缩短甚至跨越"影响质量期"，迅速走向成熟。同时，他指出：教师如果在参加工作的前 3 年不能很快进入角色，并初步树立自己的教学形象，那么在以后的日子里，充其量也只能成为一个"教书匠"，很难有大的作为。

第二阶段，刘大伟老师把它称为"成熟期"。其标志一是开始注意对教学实践的理论总结；二是已经形成了自己的教学风格。在这个阶段里，刘大伟老师对国家颁布的"教学大纲"已心领神会，对高中教材也已了如指掌。在教学实践中，他越来越体会到简单的模仿和对课堂教学的一些皮毛的改革，已经在一定程度上束缚了自己的发展。于是，他开始有了对自身教学理性的分析。

认识上的提高，带来了教学实践的革命。备课，有了"三步曲"：第一步，"有它（教材）没我"；第二步，"有我有它"；第三步，"有我没它"。上课，有了"三境界"：第一境界是"形动"，即千方百计吸引学生，让学生喜欢上政治课；第二境界是"心动"，即用真情打动学生，刻意创设特定的课堂情感氛围；第三境界是"神动"，即把我的观点变成学生的思想，进而导之以行。

可以说，从"探索期"到"成熟期"是一次飞跃。在这一飞跃中，刘大伟老师认为实现这一飞跃的条件至少应当有三个。第一是在师德上，教师应当有强烈的进取意识，责任感和使命感应当是其教学乐章中两个最强劲的音符。第二是在教学上，必须有自己独到的教学风格，能实现教师的职业共性与教师本人特性的和谐统一。第三是对教育理论的运用。教师必须摆脱教育行为中的盲目性和随意性，对教育理论的运用从自发升华到自觉。

刘大伟老师到了成熟阶段，仍在进一步规划自己。最近几年他已不再满足于上好一堂课或者是写好一篇论文，他的内心深处常常涌动着一种创造的冲动和开拓的渴望。《管理新论——无为管理学》这本新书给他极大的触动，联想到相当多的政治课空洞、枯燥，教育效果事倍功半，甚至事与愿违，正是与我们的教育方式和目标过于直露有关，于是，刘大伟老师开始探索把"无为管理"引入课堂教学，开展了"无为教育"的实验。实施方法是：有意把政治课的某些教育目的隐藏起来，虽然教师是看似无意地触动学生的心灵，促使其觉悟，但这种无形的教育比直白的说教更有力量。

刘大伟老师把优秀教师发展的第三个阶段称为"创造期"。他认为这个时期具有以下三个方面的特点：第一，对事业、对学生的挚爱，这是走向成功的动力。第二，对教育发展的前瞻性和预见性，这直接关系到一个教师的发展方向。第三，具有较强的科研能力，这标志着一个创造型教师的水平。

并不是每个老师都能像刘大伟老师这样，经过"成长期""成熟期"并最终进入"创造期"，即我们所说的超越期。一个教师理想的终极目标就是进入像刘大伟老师、李吉林老师那样的自我超越阶段。他们都具有稳定而持久的职业动力、显著的创新精神、个性化的教学风格，在社会上有一定的影响力和知名度。

处于超越期的老师就是我们常说的"'专家型'教师""特级教师""名师"。是不是处于这一阶段的老师就不用规划自己的未来了呢？显然不是，案例中的刘老师就仍然在规划自己的未来发展道路，不满足于现在取得的成就。

处于这一时期的你，在制定行动方案时有着与其他阶段不同的要领和要求。除了自我实现外，还要善待学生，善于抓住机遇，乐于进行教育科学研究，乐于和其他同事分享自己的成功经验，还要乐于向其他同事学习，并在此基础上不断总结经验，当然，还不忘拥抱乐观的健康生活。

总之，生活是多姿多彩的，教学也是一种生活方式，处于超越期的你不仅要有执著的人生追求、过人的专业技能，而且必须有健康的心理、积极的生活态度。你有什么样的情怀，就有什么样的处世方式；有什么样的期许，就有什么样的行为；以什么样的态度对待生活，生活对自己也会有什么样的回报。

第七章　在反思和评价中不断完善

　　人生需要不断的反思才能进步和臻于完善，生涯规划也是如此。在你的职业生涯进程中，周围和身边的环境都会发生各种各样的变化，这些变化可能会使你的职业生涯道路偏离预期的轨道，因此，你需要不时地停下脚步，反思自己的职业道路，评价自我的现状，这样才能避开岔道，认准方向，最终实现自己职业生涯的远大目标。

第一节　反思，教师成长的必经之路

　　近年来，"反思"越来越被教师提及和重视。新课程的实施需要教师不断反思，教师的专业成长离不开反思。可以说，反思是教师自身发展的基础和前提，也是教师成长的新起点。

　　美国实用主义教育家杜威在其著作《How we think》中指出：反思是人们"对于任何信念或假设性的知识，按其所依据所进行的主动的、持久的、周密的思考"。

　　美国心理学家波斯纳认为，没有反思的经验是狭隘的经验，至多只能是肤浅的知识。他提出教师成长公式：成长＝经验＋反思，可见反思的重要性。这里有必要指出的是，反思并非教师对教育教学工作进行一般意义的思考和回顾，而是根据反思对象的不同，采取相应的反思方法和策略，达到反思的目的。

作为教师，你需要在职业生涯进程中不断地对自己已具有的知识、能力、情感、态度等诸方面进行批判性反思，每次反思，都会有新的发现，针对发现及时调整、补充、完善，才能得到更高层次的发展。

下面先让我们一起来看看一位老师对学生表扬的反思。

新课程改革以来每一次走进课堂，都用多种方式对孩子的言行进行鼓励。然而，一个阶段后，我发现孩子们对于老师的表扬由最初的开心变得无动于衷了，对老师的"好""很好""不错"不再在乎了，孩子们的积极状态消失了，刚萌发的自信心稍纵即逝了……

我困惑了：难道是表扬出了错？

其实，当课堂上"好""棒"的简单而又笼统的表扬方式变成了一种"表扬公式"习惯地作用于孩子的大脑时，孩子们对于只停留在形式上、口头上的表扬就会显得不在乎，也就提不起精神。学生随之出现的反映将不再是满足，而是感到迷糊，久而久之，不仅不能产生积极的学习兴致，反而使学生的学习态度变成了浅尝辄止和随意应付！这就需要我们在课堂教学中，做一个美的发现者，善于在平凡中捕捉细微的不平凡之处，恰当地为孩子们"加油"。

当孩子的发言与众不同时，给予表扬。

"你能从不同的角度思考问题，可见你是个肯动脑筋思考的孩子！"若是孩子的问题与教学实际有所偏颇或是错误时，不给予难堪，试着以客观的评价话语鼓励他。

"虽然你说的话题不在我们讨论的话题内，但你能大胆地表达你的看法，可见你很有勇气！继续努力！相信你能行！"

这"加油"声中即提出了孩子存在的问题，又有对孩子的肯定、导向，赋予了老师真切的关爱。孩子如能长此以往地置身于这赞赏的氛围中，其积极的表现将会越来越多，消极的行为会随之减少。

相信当老师将孩子好的言行看在眼、记在心时，即不用刻意去堆积华丽的辞藻，给予孩子的肯定也是最真诚的表扬。"你想得真好！是个聪明的孩子！老师喜欢你，送你一朵小红花！"这也是在课堂中高频率出现的表扬话语。想得好，就因为聪明，而想不出，就是自己不聪明！

殊不知，正是我们这不经意的表扬误导了孩子，以至于有的孩子有了自己的想法，担心讲不好，不敢讲，而不讲！美国一项近期的研究发现，那些过多地被夸奖智力聪明的孩子可能回避新的挑战。据调查，确实有不少被我们认为聪明的学生不认为学业成绩的不理想是自己的不努力所致，遇到困难、挫折时就灰心丧气，更把失败怪罪于自己不够聪明。虽然凡事总有其两面性，不能一概而论，但也需慎思之：在课堂上不能随意地表扬孩子聪明（一部分属于天资），而要赞扬他们在学习中过程中所取得的成绩（自己努力的结果）。这样，赞扬行动和品性而非本人，使孩子们有个明确的导向，对其正确人生观、价值观的形成将有所帮助。

表扬的力量对孩子们具有神奇的激励作用。哪怕是老师的一个微笑、一句话语、一个眼神都能给孩子们的精神以极大的激励、唤起他们对生活的向往与期待！在学习的过程中孩子需要老师更多的关注和鼓励，而做老师的则要敏锐地感知孩子心中的那份期盼，恰当地为孩子们"加油"……

这是一位老师的教学反思，教学反思是一个认识过程。既可以是对过去的总结又可以是对今后的启示；可以是对一堂课反思，也可以是对教学中的一个片断、一种方法、一项活动的反思。教学反思是教师超越自己的思维能力的表现，是一种创造能力在教育实践中的体现，是个"想→做→想"的过程。

教学反思，以探究和解决教学问题为基点。不是机械地按照教材或课程标准按部就班地行事，而是在领会的基础上，重点解决教学中存在的问题，并在解决问题的过程中使教学过程更优化，取得更好的教学效益。

教学反思，以追求教学实践合理性为动力。你越能反思，在某种意义上越是好教师。通过反思可以发现新问题，进一步激发责任心，把教学实践提升到新的高度。

教学反思，是全面发展教师的过程。教学反思要求学生"学会学习"与要求教师"学会教学"统一起来。当你在全面反思自己的教学行为时，会使自己变得更成熟起来。

对反思的误解

（1）"反思就是冥思苦想"。反思不是一般性的思辨性的思考。它是对自己的思考。这种思考，有两个特点，第一是反身性的，思考回到自身。第二是反思引起教学行为的变化，而不是纯思辨。反思与行动相联系，或者说反思是为自己的行动的反思，对自己的行动反思，在行动中反思。反思与行动密不可分。

（2）"反思就是自己独自的思考。"这也是错误的。我们强调自己在做自己专业发展的主人，强调对自己的教学实践进行反思，并不排斥教师之间的合作交流。相反，反思离不开教师之间的合作学习。

（3）"反思就是对自己的教学实践进行研究，不必再学习理论了。"虽然，反思性实践的理论强调从个人的经历中学习的重要性，但并不否定教育文献的学习。反思是根本，教育文献为我们的反思提供新的视角，为反思服务，而不是代替我们的反思。反思往往带有我们独特的个性，理论可以帮助我们识别其中的一般与普遍的因素；正因为理论的这种品格，可以发展起我们看待事物的与己不同的多种观点，从而丰富我们的反思。

（4）"反思只是对自己的教学实践进行反思。"这种认识把教师的反思局限在教学领域。这样反思就很可能丧失批判性，停留于教学技术层面。反思实质是对教师全部生活方式的审视，而不是把反思的基本内容限制在教学技术和班级组织的技术问题上。从其表面看是对教师教学实践的反思，实质深入到教育领域、教育的价值和教师生活的态度。

教师自觉教学反思是提高自身素质的需要，是培养学生学会学习的需要，是提高教育质量的需要，也是作为教师的你自我成长的必经之路。

第二节　有效进行自我评价

世事多变，世界每时每刻都在发生变化，远到社会经济水平的发展、科学技术的进步、政治形式的变化、国家政策法规的调整，近到学校的制度调整、领导人的更换，乃至个人家庭、健康、能力的变化，无不影响到个人职业生涯的发展。

作为教师的你在自己的职业生涯进程中，要时时关注周遭环境的变化，停下脚步，认真评价自己，不断总结经验和教训，不断修正行动方案，甚至在必要时修正目标。

一般的，教师在职业生涯道路上中会遇到以下问题：

职业规划中，由于对自我认识与外部环境缺乏足够分析，发展目标与行动策略设计缺乏现实性和可行性。

在执行职业规划时，会缺乏因外在的情境因素变化做出的审视、适当调整与修正，甚至缺乏毅力，致使执行不力。

教学与管理中会遇到的问题：不能正确对待学生、不能有效进行课堂纪律管理、不能取得预期的课堂效果、没有掌握好所教学科知识、不能运用新理念进行教学、不能有效进行科学研究以及产生职业倦怠等。

针对上述问题，你需要进行必要的自我评价。自我评价其实是一种通过认识自己，分析自我，从而达到自我提高的促进自我素质提高的方式。教师自我评价对于促进教师素质提高的重要作用，至少表现在如下几个方面：

（1）有利于培养教师本身自我意识。素质教育重要目标之一是要培养学生积极的自我意识。要培养具有积极自我意识的学生，则首先必须有具有积极的自我意识的教师。教师进行自我评价，则正是培养教师本身自我意识的最佳途径之一。教师的自我评价，将有利于教师在评价学生时，同样注重学生的自我评价，从而最终有利于学生积极的自我意识的形成。

（2）以培养学生的创新精神和实践性能力为核心的素质教育已成为广大教育工作者的共识。要培养学生的创新精神首先要具有创新精神的教师，当然，教师创新精神的来源，离不开的教师培养和

培训机制。可以说，没有自我评价能力的教师，是不会有创新精神的。因为，创新精神在很大程度上来源于对自身和现实的反思，尤其是来源于对自我的不断否定。因此，自我评价在培养教师的创新精神过程中，有着极其重要的作用。

（3）自我评价作为一种教师自己认识自己、自己教育自己，从而自己提高自己的过程，对自身的观念的更新来说，不失为一条有益的途径。

（4）自我评价作为一种自我发展的动力机制，对于教师的发展来说，是教师专业提高的根本动力。哈里斯和希尔曾指出："只有教师本人对自己的教学实践具有最广泛、最深刻的了解，并且通过内省和实际的教学经验，教师能够对自己的表现形式和行为作一个有效的评价"。

教师的自我评价可以说是贯穿于教师专业成长过程始终的，正因如此，我们可以将教师的自我评价看成教师评价的核心。

在实施教师自我发展性评价时，为了做到评价的公正和一致性，避免因评价者是教师本人而出现评价的因人而异、因时而迁、因境而变的现象，要求我们在进行教师自我发展性评价过程中，要有相对统一的教师自我发展性评价指标。如下指标列表仅供参考：

教师自我发展性评价量表[①]

评估指标		评价意见	改进措施
A 级	B 级		
目标达成行为指标	1. 知识、技能、情感目标分类清楚正确		
	2. 目标可测、要求适度，对不同学生有不同要求		
	3. 教学过程中能向学生适时正确展示教学目标		

评估指标		评价意见	改进措施
A 级	B 级		
学生参与行为指标	4. 学生能适应教师讲课的速度		
	5. 学生参与充分、主动、面广		
	6. 学生参与时思路敏捷、叙述流畅、正确率较高		
	7. 学生上课注意力集中，课堂秩序活而不乱		
	8. 学生学习愉快、轻松、有序、和谐		
教师素质行为指标	9. 教学内容正确，无科学性错误		
	10. 课堂控制能力强，能及时正确处理偶发事件		
	11. 语言生动简练，讲普通话，书写规范、美观		
	12. 教学中直观教具和媒体应用合理、有效和熟练		
处理教学行为指标	13. 精选教材，选材能根据学生的兴趣和生物学科特点		
	14. 重点突出，难点突破		
	15. 能有机、有效、有序进行德育渗透		
教学方法实施行为指标	16. 符合学生、教师和学科的特点		
	17. 因材施教，面向全体		
	18. 符合学生的认知规律，循序渐进，逻辑性强		
	19. 运用引导讨论和有效提问技能，启发学生主动学习、探索、创新和实践		
	20. 传授知识简单明了，通俗易懂		
	21. 开放性强，允许学生有异议		
教学效果达成行为指标	22. 落实双基		
	23. 培养能力		
	24. 培养学习习惯，渗透学法指导		
	25. 及时有效实施反馈矫正，目标达成度高		
总体自评			

①孙寅，《依托教师自我发展性评价，优化中学生物课堂教学行为》

第七章 在反思和评价中不断完善

在教学中，自我评价方法有两种：一种为教师自我直接发展性评价；另一种为教师自我间接发展性评价。

教师自我直接发展性评价是指教师课后根据教师自我发展性评价量表上的各项指标进行直接的自我评价。教师进行自我直接发展性评价，可以在每节课后，也可以一周或数周中选择某一节课后，根据教师自我发展性评价量表进行自我评价，找出一节课的成功与失误之处。分析成功和失误的原因，结合课后札记，制定可行措施，避免在今后上课过程中重演过去的失误。教师自我间接发展性评价是教师在课堂上或课后，通过观察、访谈和问卷调查等手段，间接从学生、教师、家长和有关领导等的言行中了解自己的课堂教学行为的得与失，进而制定和实施改进措施，优化的课堂教学行为的一种评价方法。教师自我间接发展性评价常见的有观察法、访谈法和问卷调查法等。

观察法。观察法是评价者有目的有计划地对学生课堂学习活动进行观察，搜集和记录学生课堂学习过程中某些课前设置需要记录的行为，课后教师通过分析学生的行为，间接评价教师课堂教学行为的一种评价的方法。在教学中，观察法的实施主要包括以下三个方面的工作。

第一，要做好观察的准备工作。这是有效观察，顺利实现观察目的的前提。其内容主要有确定观察的内容、观察对象、观察方式和制定观察记录表。

观察记录表举例

观察内容	记录	备注
学生上课注意力是否集中		记录一组学生上课注意力分散的人次
学生对问题的回答是否积极		记录一组学生上课发言的人次
学生听课的表情		记录一组学生听课时出现困惑的人次

第二，在课堂上根据观察记录表上的内容，做好获得观察资料的工作。即在课堂教学过程中，教师可通过直接观察，记录学生可能出现的观察内容中的行为。在观察记录过程中，为了不影响教师正常授课，首先要注意根据所定的观察方式采用相应的观察策略。

第三，课后整理、分析和评价信息。即课后根据记录统计出各项内容占小组人数的比例，分析出出现这种比例的原因，并制定相应的措施。

访谈法。访谈法是通过教师本人以个别和集体访谈等形式，有目的有计划地与学生、其他教师、家长和有关领导进行访谈交流，搜集自己课堂教学行为上的得失，制定改进措施，优化课堂教学行为的一种评价方法。

在教学过程中，访谈法的实施主要包括以下三方面的工作。

第一，要做好访谈设计。主要包括确定访谈目的、内容和编制访谈问题。

第二，要注重访谈技巧的应用。其中首先应做好访谈问题的组织编排工作，访谈问题一般先易后难，并要营造一种融洽和谐的访谈氛围。其次应善于控制和驾驭访谈过程。再次要做好访谈记录。记录时即要保证重点突出，又要尽量全面。

第三，根据访谈结果，做好课堂教学行为的自我分析和反思，并制定相应对策。

问卷调查法。问卷调查法是以教师自我发展性评价中的指标为依据，结合教师课堂教学的实际需要，设计一张问卷，在师生和领导中进行口头或书面的调查，来间接了解自己课堂教学行为上的得失，有的放矢地制定改进措施，优化课堂教学行为。在实施问卷调查法时要注意问卷中题目设计要避免主观情绪化的字句，避免不受欢迎或涉及隐私的问题，避免难以回答的问题等等。

第三节　认识别人眼中的自己

在现实的学校教师评价活动中，为了能全面而客观地进行教师评价，一般都采用多途径、多主体来评价教师，这样你就能清楚别人眼中的"你"是什么样子。领导、学生、家长和同事的评价能帮助你更好地认识自己。

（1）领导评价。一般是指教育行政领导、学校领导对教师的评价。它是教师评价中对教师促进作用最大的一种外部机制。因为，领导对教师的评价，通常和教师的职务晋升、奖金的分配等激励性手段联系在一起的。领导评价能否对教师素质的提高起促进作用，同领导者本身的素质、评价水平、公正的程度具有极大的关系。

（2）学生评价。学生是教育教学活动的直接参与者，学生的发展是教师工作的重心和目标，他们对教师的教育教学活动以及师生交往有着最直接的感受和判断，教师应该高度重视并及时听取他们对自己在教学、师生交往和其他方面的想法、意见和建议，并且根据学生的反映及时调整自己的教育教学策略，或者转变某些不恰当的教育教学行为。

（3）家长评价。家长有权利以对教师进行评价的方式对学生的发展予以关注。家庭是学生生活的重要场所，教师往往无法直接了解学生在家中的表现，家长评价从一个重要的侧面为教师提供了有关学生发展状况的信息。此外，学生对学校、对老师、对同学的看法常常会告诉父母，因此，家长在对教师评价的过程中所反映出来的想法、意见和建议对教师的改进与提高有重要的参考价值。还有，家长对教师进行评价的过程也是家校协同的过程，有助于家长和教师形成合力，更好地促进学生的发展。

值得注意的是，一定要对学生和家长评价加强引导，要让学生和家长明确评价的内容和标准，要分清楚哪些内容适合学生评价，哪些内容适合家长评价，哪些内容可以作为教师改进的依据，哪些内容仅供参考。

（4）同事评价。由于在教育教学目标、方法和过程以及教学对象、教学环境等方面的相似性，同事对于教师的工作有着更深刻的共鸣和更准确的理解。同事评价是重要的学习和交流的机会，教师可以从同事的评价中获取大量有价值的信息和经验，对于改进教育教学和自身发展都是非常有益的。在发展性评价中，同事评价应避免直接与教师的各种利益或名誉挂钩，以影响对评价对象做出客观、合理、有价值的判断并提出改进建议，从而削弱了同事评价对教师的促进功能。

和自评一样，上述评价方法都是多元评价体系的一部分，但这些方法都是为教师自评服务的。应当强调的是，即使对那些不能正

确评价自己的教师，"他评"结果一般也不会作为对老师的评价结果使用，只作为教师自评结果的评估依据，只作为帮助教师正确评价自己的手段。

如果教师自评与我们所了解到的情况偏差特别大，我们就通过谈话，以平等协商的方式来帮助老师来提高认识，或是消除领导心目中的偏见，并达成一致意见。

下面的例子就是一个很好的说明：

一位教师在毕业班工作中由于表现突出，送走了毕业班后学校把五年级一个最差的班安排给了她。一学期下来领导对她的各项考评成绩都比她自评的成绩低。她感到委屈，气冲冲地找到校领导，通过沟通，领导意识到用统一的标准对她进行评价确实有失公允，而她本人也认识到自己的努力程序还有差距，尤其是班级纪律不好，使其他教师无法上课。尽管她要求把自评结果修改一下，但领导还是肯定了她原来的自评结果。从此她的工作更加勤奋，经过两个学期的努力，这个差班终于以学年中等近好成绩毕业。

第四节　在教学活动中积极反思

作为教师的你，要在教之前"三思而后教"，教之中"闻过即改"，教之后"扪心自问"，在教学过程中积极反思，将反思贯穿教学活动的始终。

你需要在教学前进行反思。你要对学生的需要和满足这些需要的目的和目标，以及达到这些目的和目标所需的动机、教学模式和教学策略等做出反思。在整个教学计划过程中，你可以问自己下列问题：需要教给学生哪些关键的概念、结论和事实？在这节课中对我来说重要的是什么？怎样深度和范围的材料对学生是合适的？哪些学生需要特别的关注？哪些活动有助于学生达到我的目标？如何组织材料和学生，以形成一种积极的学习氛围？哪些条件会影响课的效果？

你需要在教学中进行反思。在教学过程中，不可预料的情况不断发生，需要你随时做出反思。这时，你要根据学生的反馈信息，反思为什么会出现这样的问题，自己如何调整教学计划，采取怎样有效的策略与措施，从而顺着学生的思路组织教学，确保教学过程沿着有效的途径运行。这种反思能使教学高质高效地进行。

需要在教学后进行反思。即有批判地在行动结束后进行反思，结合各方面的教学反馈信息，对自己前一节或几节课教学行为以及效果的分析与思考，判断在教学中所确定的教学目标，选择的教学形式，及在教学过程中的具体指导策略是否适宜。这种反思能使教学经验理论化。

教学后反思，你可以问自己下列问题：这节课是怎样进行的？是否如我所希望的发生了什么？怎样用教和学的理论来解释我的课？怎样评价学生是否达到了预定的目标？上课时改变了计划的哪些内容？为什么？是否有另外的教学活动或方法会更成功？为什么？下次我会尝试哪一种？是否有些问题一直困扰着我，使我在这几天中一直苦思冥想？我怎样才能找到答案？

根据上述这些问题，你就可以判断自己是成功地完成了教学目标，还是需要重新计划或试一试新的策略。

下面让我们看一个案例：

生涯规划与自我实现
Shengya Guihua Yu Ziwo Shixian

　　作为老师，我已在讲台上学习、成长了三年有余，自认为已成熟了不少，可谓合格教师了。尤其是今年学校给了我不少讲课的机会，在此期间又有许多经验颇丰的老师和领导不断给我指点，还是取得了一些成绩的。所以我有些飘飘然了，再谈起讲课来好像很轻松似的。觉得讲一堂课不过是将教案烂熟于心，则大功告成。可后来的一节课，却让我不由得深深反思。

　　勒老师又来了！上学期他就来学校讲过一节公开课，当时我就被他精妙的课堂掌控技巧所折服。也许是"初生牛犊"的缘故，我真正佩服的老师并不多，可他——我服。

　　当时我就有一个想法：什么时候能让这位高人听我的课给我指点指点，那该多好！没想到事隔不到一年，这个愿望真的实现了，学校把这次讲公开课的机会给了我。

　　我怀着十分激动和紧张的心情接受了这次任务，不过心里还是有底的：因为我要讲的那节课在此之前已经演练过多回，而且还在区里赛讲中取得过好成绩。想到这，我放心了许多，不过即便如此，我还是将教案重新熟悉了好多遍。

　　带着烂熟于心的教案，带着一颗渴望求教的心，带着满满的自信，我把这节"身经百战"的课展现在了全校老师面前，展现在了我敬仰的勒老师面前。

　　教学环节严谨，同学配合积极，教学高潮一浪高过一浪。不知不觉，哎呀，我忘记控制学生交流、回答的时间了，校长已经冲我举了两次手，可我教案中关键的两个环节还没有完成。怎么办？慌乱……坏了，我竟然忘词了，我只能面红耳赤地望着大家，心中使劲想教案。幸好大家都耐心地等待我的继续，尴尬场面很快就过去了，最后还是较为顺利地结束了这节课。

评课时勒老师给予我的这节课很高的评价，可我自己清楚，这节课虽然严谨、完整，但就是缺少"自然"。教学的环环相扣给人的感觉就是"人工制造"。

我把心中的困惑告诉了勒老师，他用一句话就解开了我的困惑："走上课堂，你的眼里只有谁？是教案还是学生？"对啊，原来"学生心中绕"才是秘诀，而我却舍本逐末。教案应是道具而不是课堂的包袱。当然，在勒老师看来，教师上课也不是放任学生，跟着学生的思路走，那样的课堂更不"自然"而是"野生"了。

我追求的"自然"应该是这样的吧：打铃上课，老师和学生在课堂做好准备，然后就一起开始跑步，当学生跑得起劲时，老师就充当拉拉队员，为他们喝彩、加油；当学生跃出跑道时，老师又是向导给他们指点和引导……

在上述的案例中，这位年轻的老师站在学生和其他老师的角度对自己的课堂进行了深刻的反思，对自己的教学方法有了更清醒的认识。所以说，作为教师的你在反思时还要学会用不同主体的视角进行，才能避免自我认识的盲区，充分发现自己在教学过程中存在的不足。

（1）以学生的视角进行反思。你可以回顾你作为学生（包括现在接受培训时的学生角色）时的一些事件、感受、人物，就可以让你从"别人"的角色来反观你自己。回顾作为学生的一些感受，可以影响你喜欢或避免某些教学行为。你还可以站在现在学生的角度进行反思。学生时时刻刻用眼睛和心灵观察和思考着你。从学生的行为、思维状态、学习成绩以及学生对教师的期待都会反映出你教

学的状况。当你知道自己的教学对学生意味着什么时，你就能够更好地改进教学。从学生的眼里了解自己的教学，办法很多，如让学生建立学习档案、写学习日记、进行问卷调查、召开师生座谈会等。

（2）以同伴的视角来反思。教师的自我角色是有意识地自主构建的，教师的教育观念是从长期的自我经历中孕育形成的，教师的教学决策是经过周密思考而精心设计的，因此教师对自身的角色、观念、教学提出质疑、审视、判断和再设计是有一定困难的。约请同事观察自己的教学并与他们交流和对话，可以使你用新的眼光看待自己的教学实践。这是教师之间的共同学习、合作学习。你还可以对照榜样教师的行为反思自己的教学行为。这里的"榜样"是一种宽泛的理解，他可以是正面的，也可以是反向的。你喜欢和不喜欢的教师，都会成为你模仿和学习或讨厌的榜样。或者说，正是这些老师的教学影响你形成了潜在的教学理念。回顾这些经历，你可以对自己的教学有更清醒的认识。

（3）站在"超自我"的视角进行反思。所谓的"超自我"就是有意识地抛弃习惯和成见，以一种全新或另类的眼光看自己的过去。这是教学反思最主要的研究视角，也可称为教师自传的研究。它可以使你对自己教学的观念、行为、设计理念进行深刻的审视。对自己教学实践的反思方式有很多，比如教学日记、一段时间的教学回顾角色模仿演练、教学录像等等。对自己的教学实践进行反思，尤其要抓住关键事件。关键事件有的是突发事件，有的是平常教学中的事件。抓住这些事件引起反思，往往会使你捕捉住自己发展的时机。

（4）以专家的视角来反思。与专家进行对话和交流，进而引发对自我的深度思考，十分重要。分析诸多优秀教师的成长历程，我们不难看出，他们都有一个跳出自我经验，提升专业层次的过程。这种提升，或者是学历进修，或者是研修式培训，或者是教育课题研究。所以，与专家进行交流和对话，阅读专家著作，是教师反思自我的又一视角。当然，由于受本校和本地区条件的限制，常用的引领方法还是阅读理论文献的居多。通过阅读专家的理论著作，也可以使你对一些问题找到与自己不同的解释和见解，帮助你接受新信息、新观点，帮助你用新的方式研究自己。这是一种与专家不见面的"对话"。争取一切机会，与专家进行对话和交流，进而反思自己。

第五节　将反思固定成为一种习惯

提高教学反思，首先要从自身做起，形成反思习惯。

在教学实践中自我反思。在每一堂课结束后，你要进行认真的自我反思，思考哪些教学设计取得了预期的效果，哪些精彩片断值得仔细咀嚼，哪些突发问题让你措手不及，哪些环节的掌握有待今后改进等等。同时，认真进行反思记载，主要记录三点：一是总结成功的经验。二是查找失败的原因。三是记录学生情况。

在理论学习中自我反思。要认真地学习和研究先进的教育教学理论，并自觉地运用理论反思自己的教学实践、指导自己的教学活动，在学习中深刻反思、认真消化、并付诸于实践。先进的理论可以使你的教学进入新的境界。没有深厚的理论素养和丰富的知识储存，是不能登堂入室、达到高屋建瓴的教学境界的。苏霍姆林斯基

就这样要求他的教师："读书，每天不间断地读书"，"不断补充其知识的大海"，他认为，这样，"衬托学校教科书的背景就宽了"，课堂教学效率的提高就更明显。

在相互借鉴中自我反思。教师之间，多开展相互听课、观摩活动，不但可以避免闭目塞听、孤芳自赏，而且能够使你高瞻远瞩。只要有可能，不要放过听课的机会，不要放过一些细节。除了要多争取观摩别人的课堂教学，还要研究特级教师、优秀教师的课堂实录，从课堂结构、教学方法、语言表达、板书设计、学生情况、教学效果等各方面，客观、公正评价其得失。对所听和观摩的每一堂课你都要研究、思考、探讨，并用以反思自己的教学，进行扬弃、集优、储存，从而走向创新。

反思作为教师发展的一种策略，它遵循一定的程序，作为教师的你必须熟悉这一程序，方可提高反思的效果。反思过程一般可以分成四步进行。

第一步，反思中发现问题。这就是说，反思产生于"问题"，教师反思的起点便是自我实践中的"问题"。首先，反观自己的教育教学并梳理出其中存在的问题，先就特定的问题予以关注，并在可能的范围内搜集与此相关的资料，接下来便是分析问题。

第二步，自我分析问题。依据收集到的资料，以科学的理性态度和方法对教育教学的本质加以深刻的理解，并在此基础上建立起观念理性和相应技术理性的结构体系，这就要求你要以批判的眼光审视和考察自己的观念、行为和习惯，对所发现的问题进行分析。

这一过程需要你有适当的谦恭、足够的勇气、公正的品质、豁达的胸怀、丰富的情愫，以及敏锐的判断力和丰富的想象力，十分有耐心、自知之明、亲切感和幽默感，等等。

第三步，对问题的解决建立假设。在自己的知识中搜寻与当前问题有关的信息，或通过阅读书籍、请教专家、集体研讨等方式，提出解决问题的各种假设，并在内心对假设的效果进行预测。这一过程是你将实践中反映出来的问题上升到理论层面加以剖析的过程，通过自身实践探寻到问题的根源，进而找到解决问题的理论依据和方法，在思想中形成新的观念，建立起新的假设。这是一个持续的修炼过程，因为任何新观念的内化一般都要经历接受、反应、评价、组织和个性化等五个由浅入深、由不稳定到稳定的过程。

第四步，通过实践，进行验证。建立起新的假设之后，开始策划新的行动计划和方案，紧接着，开始实施行动计划，积极验证，当这种行动能够被观察分析时，你就开始了新一轮的反思循环。然而，这个循环不是简单的思维过程的重复，不是对反思所得思想认识的无尽讨论，因为任何反思都会在本质上产生观点的改变。通过积极的不断的自我反思与实践，你的教育教学观念和行为在这一否定之否定的过程中得以再生和变异，你的专业技能就会有本质性提高，这正是反思的价值所在。

下面就让我们从一位普通老师的成长经历中感受反思对个人成长的重要作用。

自从2002年大学毕业，走上教师这一工作岗位，就对自己的职业充满了责任感和自豪感，我渴望能在三尺讲台上尽情挥洒青春和汗水，也在心中暗暗下决心，一定要通过自己辛勤的付出，而成为像师傅等有经验的优秀教师一样，成为一个学者型的教师。

我知道初为人师的自己离目标很遥远，而走上课堂也明显地感

觉放不开。这时，学校适时实施了"新星工程"，可以在教育教学各个方面向师傅讨教，同时，我又很幸运的成为学校的省级课题"运用反思性教学策略加速培养青年教师的研究"的研究对象。经过一年的按课题研究要求的自我反思，师傅的精心指导和自己有意识的探索，自己感觉在课堂教学等方面取得了长足的进步。虽然，目标还是十分的遥远，但我会以坚实的脚印一步步向它迈进。

在作为研究对象的一年中，我按照学校课题组的要求，坚持每周反思性备课一节，反思性评课每周两节，"说—上—评"的教研活动每三周一次，并且根据学校对新教师的要求每周听师傅的课两节，作好听课笔记。在做好常规工作的同时，认真完成课题组布置的录像课、教研课和小论文、学习体会等任务，并写出比较详细的自评报告。

回顾刚开始教学工作时，自己虽然也拥有一些方面的优势，比如说专业知识基础比较牢固，普通话和板书等教师的基本功掌握较好，平时也注重学习一些先进的教育教学理论，课堂上时间安排恰当，运用多媒体辅助教学熟练。

但是劣势同时也十分突出，主要是在课堂上激发学生学习动机方面做得很不够，学生参与活动很少，即使参与了面也不广，师生之间交流少，对课堂反馈的信息观察不够细，自然处理也不太恰当。这跟"以人为本"的教学思想是背道而驰的，也不利于培养学生的创新精神和实践能力，没有让学生在轻松愉悦、自我参与的氛围中自主的获得知识，而仅仅是在传授知识。

经师傅指出这一的弱点之后，我就决心要在以后的教学中逐步的加以克服。所以在对教学过程的各个方面（如引入、教态、语言、结束语等）进行反思时，我最深挖的就是这个点，每堂课后都要想一想，今天的课活不活，学生有否参与进来，他们的积极性有没有被充分调动起来，对于学生一些课堂反馈信息我有没有恰当的处理。经过一年反思之后，我感觉自己进步最大的就是这一点。同时，其他一些方面也取得一些成效，如克服了紧张心理，在课堂上可以较为放开，离开讲台走到学生中间；在教材的处理上更注重前后内容的联系和衔接，注重知识结构的展示和思维方法的培养；上课时的教态、语调、口头禅等现象得到很大的改善，等等。

在成为研究对象之后，我阅读、查找了一些关于反思性教学的书籍和资料，经过一年的实践，我深切地感到：经验＋反思＝成长，"反思性教学"对我在教学工作中的提高成长具有重要作用。

……

实施了一年的反思性教学课题即将结题，作为研究对象，我已经尝到了进行这一研究的甜头。没有反思的经验是狭隘的经验，至多只能形成肤浅的知识。如果教师仅仅满足于获得经验而不对经验进行深入思考，那么他的发展将大受限制。我想即使在这个课题结束之后，我还是会不断反思总结课堂教学的点滴体会，在微小的积累中一步步走向理想。

第八章　让梦想展翅高翔

　　在落实职业生涯规划，逐步达到自我实现的征程中，你需要始终保持对未来的希望，不断完善和提升自我，科学管理时间，正确面对压力，在工作和生活中取得平衡。做到了这些，你才能解决前进路途上的那些障碍，从而让梦想展翅高翔！

第一节　始终保持对未来的希望

保持高昂的工作兴趣

　　研究资料表明，如果一个人对某一工作有兴趣，就能发挥他全部才能的80%～90%，并且能长时间地保持高效率而不感到疲劳；相反，如果他对自己的工作不感兴趣，在这方面则只能发挥他全部才能的20%～30%，并且容易感到疲惫、厌倦。

　　教师工作常常被人认为是一项波澜不惊的工作，然而有的老师在自己的职业生涯中总能保持高昂的工作兴趣，不断地创新，不断地拓展，不断地超越自我，取得令人目眩的成就；而有的老师却总是唉声叹气、怨天尤人，整天被疲倦、沮丧、烦闷所包围，丝毫感觉不到工作的乐趣。

　　先要我们看看下面这个案例中的老师是如何在工作中保持高昂兴趣的。

如果你是我的同事，你会经常看到我举着拳头向上挥动，并大声喊道："我是一个快乐的人，我是一个快乐的人。"这是我的习惯动作，凡是我工作累了或者遇到意外的麻烦，我都会在办公室这样喊上几句，看到同事的情绪不好，我也请他们跟随我一起喊。

　　我的口头语是"玩呗"，在我的眼中一切都很好玩：在学校给学生上课很好玩；在媒体策划选题写成文章很好玩；出书也很好玩……千万不要以为我是玩世不恭，我治学很严谨的，并且责任感极强，朋友老笑我操的心太多，小到一个学生的家事，大到国家大事。但一个"玩"让我感受不到太大的压力，所有这些工作都不是别人强加给我的，是我的兴趣所在，是我自己的选择。不然，作为一名普通的历史老师怎么会有这么多的事情呢？工作成为我第一需要，就是兴趣使然。

　　有的人问我，平时喜欢什么娱乐活动，我大声说"工作"。想想，我每天精心搭配衣服，神清气爽地走进教室，听到学生一片"哇噻"的惊呼，怎能不开心？站在学生中间，和他们谈古论今，看着学生如饥似渴的眼神，我怎能不满足？工作，何苦之有呢？

　　在做电视节目之前，我要做很多的案头工作，但一想到可以通过镜头将自己的学识传播给观众，不但不累了，并且希望准备得越充分越好。在正式录制的那天就更兴奋了，平时担心化妆会影响学生的注意力，但拍片必须化妆，化完妆对着镜子看我自己，真是开心。对着镜头，我是学生心理专家，侃侃而谈，拍摄停止，我会对着镜头做个鬼脸，你想过这其中的乐趣吗？

　　正因为在工作中时时保持这样的高昂兴趣，我才能够一个人做

几个人的工作，并且每天都情绪昂扬，甚至在走路的时候，都会不经意地蹦几下，跳一跳。

在这里，我们并没有引用成功学中的经典例子，而是引用了一个普通老师的例子，目的就是想告诉广大老师：工作所能给我们带来的快乐是其他什么事情都无法替代的。

美国人乐观开朗，他们会根据自己的爱好选择工作，而且把工作和娱乐紧紧结合在一起，在他们看来，工作没有高低贵贱之分，只有适合与否。美国人在享受生活的同时享受着自己的劳动成果。

作为一名教师，工作不仅是职业，更应该成为毕生的事业，这样才能在职业生涯过程中体会到轻松和快意。

既然你已经选择了教师这一神圣职业，不妨稍微改变一下观念，你会发现，教师工作给我们的感觉会完全不同。尝试着丢弃"不得不做"的工作态度，尝试着以欣喜的心情预见自己的努力成果。

教师工作其实是一项极具创造力的事业，面对的是千差万别的独立个体，教师以教育学和心理学的理论为依据，运用不同的教育方法引领学生，学生的改变和成长证明着你工作的创造性和实效性，你难道不快乐吗？为了保持你在学生心目中圣洁的形象而不断学习、提升自己，这难道是强加于你的吗？

好为人师是人的天性，但除了教师，谁有机会能够每天面对这么多人，将自己对事物的认识、对人生的理解教给大家，而且学生是那样的信服，甚至崇拜？

所以，不妨从对教师工作产生兴趣开始，你会发现，不久你就会找到教师工作的乐趣，这时不妨将乐趣与你的职业生涯奋斗目标相结合，那么"乐趣"就会发展成为"志趣"，这样才会使你坚定地追求自己的事业，并为之尽心竭力。

为自己的未来而工作

工作是成就一个人事业的唯一途径。如果作为教师的你能够以对待事业的态度来对待自己的教学工作，抱着为自己的未来而工作的态度去工作，那么你就能够充分地激发自己的潜能，即使是在这样一个平凡的岗位上也能够成就辉煌。

有一位实习老师曾讲过这样一件事：

我在学校的实习生活平平淡淡，就在这平淡中我不时会看到令自己隐隐触痛的情景：每天，办公室里的老师几乎都会收到孩子们亲手制作的小礼物，如画、剪纸、自制小风车、卡片，等等，看到这些小礼物，老师们脸上都洋溢出孩子般的笑容。可奇怪的是，我都教他们三个星期了，却从来没有收到他们的只言片语。我开始反反复复地检讨自己，我自己上课从不骂人、不惩罚人，也不给他们布置任何作业，按理说他们应该更喜欢我这样的老师才对呀？问题到底出在哪里呢？我想不出原因。

有一次上课，我照常死气沉沉地完成了教学任务。这时，班里一位有着一双水汪汪大眼睛的可爱的小女孩站起来问我："老师，为什么你每次上完课就走？为什么你不和我们一起玩，也不和我们交流？为什么你不给我们布置作业，上课同学讲话玩小东西你也不提醒他们？"

其实，任何一位有上进心的教师在遇到类似这位实习老师的尴尬时，都会感到很难堪和失望。学生送给老师自己亲手制作的小礼物，表达的是学生对老师的爱，以及对老师劳动的认可和尊重。因

为自己的劳动被尊重，自己的付出被理解、有收获（请注意，在这里收获的是学生自己亲手做的小礼物，如卡片等），教师感到被尊重并获得了成就感，所以老师脸上洋溢着"孩子般"的笑容。在这种师生关系中，教师"累并快乐着"，会越活越年轻。

在这样一群天真无邪的孩子面前，不被接纳和喜欢是痛苦的。教师认识到这种痛苦，并想办法消除这种痛苦是一种积极向上的努力。这种努力不仅有利于改善孩子的学校生活和课堂生活，而且有利于改变教师自身的身心状况，使教师生活更富有乐趣和吸引力。

同学们为什么不愿意和这位实习老师亲近呢？答案在小女孩的问题中，"为什么你每次上完课就走？为什么你不和我们一起玩，也不和我们交流？为什么你不给我们布置作业，上课同学讲话玩小东西你也不提醒他们？"——你只是在完成任务，我们没有看到你真心关心我们，我们就不会喜欢你。

孩子们需要什么？需要教师有更多的时间和他们接触和交流，需要教师和他们交朋友，需要教师给他们爱，需要教师付出责任心……

而能否做到这些，主要取决于作为教师的你如何看待教育工作：是作为事业还是职业，是爱岗敬业还是应付了事。

爱因斯坦曾说过："对待科学事业有三种人：第一类人是把科学当娱乐，为满足自己智力上的优越感和成功欲的人；第二类人是把科学当作手段，为满足自己的名利欲的人；第三类人是把科学当作生命，试图用自己的努力解释和改造世界而无私奉献的人。"

教育专家杨启亮教授在一次学术报告会上说，教师的职业境界有四个层次，一是把教育看成是社会对教师角色的规范、要求；二是把教育看做是出于职业责任的活动；三是把教育看做是出于职业良心的活动；四是把教育活动当作幸福体验。他认为，前两个层次是一种"他律"取向，后两个是"自律"取向，他建议教师要追求从"他律"到"自律"的转变，把教育当作幸福的活动，这是当教师的最高境界。

《现代汉语词典》对职业的解释是："是指人们从事某种社会活动谋求个人生活的工作。"如果你把教书育人仅仅作为职业，就意味着把它当成了谋生的手段。这种人可以循规蹈矩，可以在各种压力面前努力并不断改进，并且为了自己更好地生存，也会对学生付出自己的关心和帮助；但这种付出缺乏激情和主动自觉性，缺乏对学生基于人文关怀的深沉而博大的爱。学生是敏感的，他们的回报也是对等的。当你把教育活动仅仅当成职业对待，把教学当成自己谋生的工具时，学生也只是把你当成实现自己获取知识的工具，他们对你可能只有某种表面意义上的礼貌。

为自己的未来而工作，你需要把教育活动作为自身生命活动的有机组成部分，把教书育人作为丰富自己、实现自己、发展自己的一种生存方式，从而投入激情、梦想和创造，让教育焕发生命活力，使学生得到生命质量的提升。在创设富有活力的教学活动过程中，你会因为实现了学生生命质量的提升而使自己的生命更加精彩。

作为教师的你应该时常问自己这个问题："我为什么要工作？工作是为了什么？"很多人只感受到"工作是为了生活"，还没有获得"工作就是生活"的体验，仅仅停留在"工作是为了生活"的认识层面，很容易把工作看成是异化自己、奴役自己的一种力量，难以

充满激情和渴望地面对工作、投入工作，这样就很难从工作中获得幸福和快乐。

其实，工作是每一个人生命的有机组成部分，工作本身就是生活——工作时间是我们一生中创造力最强、人生价值最应该得到突出体现的最宝贵的一段时间。你在课堂上站了45分钟，意味着有限的生命过去了45分钟。因此，追求有质量的生命，希望一生幸福，就应该争取每一段生命历程都有意义和幸福。从这种意义上说，追求工作的幸福本身是为了实现生活的幸福，工作首先是为了自己，对得起工作就是为了对得起自己。

第二节　不断完善与提升自我

曾经读过一位优秀老师关于自己生命进程中的两段经历，现在分享给大家：

他上小学的时候，学校的后面有座山，有两条路可以到达山顶，正面的路最近，可陡峭艰难；右边那条较远，但舒缓平坦得多。有一次课外活动，班主任组织登山比赛，许多同学涌向近路，他迟疑片刻，奔向了旁边的远路。结果，他居然夺得第二名。老师十分吃惊，"凭你瘦弱的身体，怎么会胜过别人呢？"他说："我的脚力、手劲很难对付陡峭的山岩，如果非要攀登，有可能上不去；而平坦的道路虽远，却一定能到达山顶。"老师听后大加赞扬。在随后的人生之路上，他绕过许多捷径。比如很多同学学习写作时，崇拜《写作技巧》，以为掌握了点金之术，就可以登堂入室。而他却老老实实的摘抄，点点滴滴的积累材料，认认真真的练习笔头。时间久了，自己的写作水平有了明显的提高。

初当教师，他没有照搬教案进行简单的移植，而是认认真真的钻研教材，虚心学习他人的教法，结合学生的实际，设计自己的教案。这样人家一篇教案半天写好，自己的教案往往要琢磨很长时间。工作虽然麻烦得多，可成效显著。如此坚持，他很快就成长为优秀教师。

任何一位优秀教师的成长，一般要经历一个多维度发展、复杂多变的过程。做教师的你首先要清楚自己当前的发展水平，为自己今后的发展进行规划，明白将来如何去做才能实现自己的人生目标。在职业生涯进程中，你还需要悟性，需要克服人生的常态诸如褒贬、失败与挫折的影响，需要把自己的成长发展和日常教育生活实践结合起来，置于自觉状态，不能把自己的发展只是停留在理想状态中。

这种自觉状态的长久维持，本身不存在捷径，需要你意志坚强，对自己将来成为一名优秀的教师充满坚定的信心，从而产生坚持的行动。在日常的教育实践中，你要从自己身边的小事做起，在细小的教育行为的积累中找到教育的精彩，发现教育的魅力。

虽然作为教师的你在职业生涯的道路上，也会有一些通常的路径用来参考，但重要的是这只是借鉴。只有踏踏实实地走好自己在教育中的每一步，在现实的功利面前不迷失自我，你才能最终走向成功。在成长的道路上，请牢记：在路上，我们在行动；成长路上，没有捷径。

从某种意义上说，教师的成长就是一个终身学习的过程。无论是学校的校长还是一般教师都要面对竞争挑战与生存。因此作为教师的你应有个人终身学习的应对措施与奋斗规划。这里要讲的终身

学习，一是提升学历，二是知识更新，三是提高能力。

要围绕新课程精神不断学习，就要不断长本事，走终身学习的道路。许维诚先生在为《学习科学大辞典》作序中写道："从个人来说，在无限广阔的知识海洋中，如何快速地获取自己的那一部分知识？随着事业的发展，又如何补充知识来满足新的需要？面对知识本身的不断发展，又如何能做到不落后于时代？这些问题都告诉我们，学习是每个社会成员终身的事情。"

作为教师，你不但要终身更新自己的观念，拓展自己的知识面，完善自己的知识结构，而且要终身将学习与工作结合起来。要不断磨砺自己的思想品格，积淀自己的人文底蕴，提升自己的整体素质，使自己始终跟上社会发展的需要，成为人们终身学习的榜样。

终身学习首要标准就是要学会学习。就是指学会掌握最适合自己的学习方式，能够通过探索，独立地进行有效的学习。作为一名教师在自身成长的道路上学会学习尤为重要。这是因为，其一，教会学生学会学习首先要教师学会学习。学会学习是教师从教的基石，教师教给学生应是学会怎样学习和怎样思考。要指导学生怎样学习，教师应是学习的典范，应该率先学会怎样学习。教给学生发现真理的方法，而非简单的奉送真理，以即授之以渔。

学习中有三点特别重要：一是迅速获取有用信息；二是利用它来解决问题；三是变革它推陈出新。其二，知识迅猛更新客观上要求教师学会学习。据技术预测专家测算，人类的知识，目前是每三年就增长一倍。西方白领阶层目前流行这样一条"知识折旧率"：一年不学习，你所拥有的知识就会折旧 80%。面对知识的蜂拥而至，你必须学会从中筛选、检索、加工、整理这些信息，从中提取出最有利于自己生活、最有利于师生发展的信息，不断更新自己的知识结构，使自己课堂常教常新。

教师自我终身学习的内容有很多方面。学习是无止境的，学习的内容也可说是广阔的，作为教师，一般的学习可以是以下几方面内容：

（1）学习职业道德。要不断提升职业道德修养。

（2）学习教育观念和教学模式的更新。目前特别是新课程理念和教学模式的掌握与运用。

（3）学习所教学科的专业知识注意搜集专业发展的新动向、新信息，不断更新知识，以适应时代发展的要求和学生学习的需求。

（4）了解教育学、心理学发展的新成果。

（5）加强外语和信息技术的学习。运用国内外教育信息资源和现代化多媒体教学、多媒体备课等信息技术手段，将信息技术与专业知识的教学整合到一起，需要教师具有较高的外语水平和信息技术能力。

（6）丰富跨学科的知识，掌握现代科学技术发展的新动向。当今科技发展的一个重要特征就是技术的相互交叉与融合，即国际上倡导的"大科技"的概念，社会对人才的要求是多元化、全方位的。教师应有选择地学习一些人文、社会、市场、管理等方面的知识，了解新兴的尖端的科学技术，并恰当地与自己的专业相融合。

作为教师，自我终身学习的途径有很多，常说的可以有以下几种：

（1）向书本学习。一本好书就像一艘船，带领你从狭隘的地方驶向无限广阔的海洋（凯勒语）。

179

（2）利用计算机网络学习。利用网络不断地吸收相关的知识内容，关注科技发展的新动态，用新知识不断充实自己；不断提高自己的信息素养，熟练地运用计算机获取、传递和处理信息。网络教育时代已为人们的再学习提供了极为便利的条件，时空限制的跨越，海量信息的开放，使网络学习成为当今最佳的自学途径。

（3）向周围其他同仁学习，学习他们的教书育人的经验和方法，结合自己的实际巧妙移植，可以少走弯路。

（4）向实践学习，实践出真知灼见，实践长才干。

（5）向学生学习。师生之间应是互动的，这种互动的开放教学给学生提供了展示自我的舞台，尽情发挥了自己的特长；给老师创设了无限的研究空间，也带来了巨大的压力和发展的动力。学生也是教师的学习源。

（6）行动研究。通过教学反思和科研创新，不断总结经验，积累财富，提高教育教学本领。

（7）合作交流。与同事或兄弟学校老师合作，比如集体备课、互相观摩、合作教学、教学教研等，吸取他人的经验来提高自己。

（8）进修或接受培训。根据需要可利用业余时间参加非脱产班的短期学习，也可在工作状况允许的条件下，进入高等院校系统地进行专业学习，扩充知识面。

第三节　科学管理时间

现代管理大师彼得·德鲁克曾经说过："时间是最高贵而有限的资源，不能管理时间，便什么都不能管理。对时间的管理直接关系到工作效率的高低。"作为教师的你，如果整天在办公室和教师之间忙忙碌碌，甚至还将工作带回家做，似乎每天都有忙不完的事情。实际上你不是没有时间，而是没有管理好自己的时间。很多老师就是这样被时间牵着鼻子走而不会主动掌控自己的时间，使自己的职业生涯目标迟迟无法实现。

时间管理也是自我管理的一部分，而此部分正是职业管理与规划的基础，不可掉以轻心。下面，先让我们看看一个年轻老师的案例。

我曾经作为班会评审专家观摩过一些班会，其中一个小伙子给我留下很深的印象。他所在的学校是一所有多年德育示范称号的学校，在我们观摩之前，校长信心十足，说这位年轻的班主任有头脑，治班有方。但实际情况是，在我们观摩他的班会时，整体创意还可以，但在组织上存在许多不足，使得整个班会的节奏不够流畅。当时，校长的表情很尴尬。

不久，这位老师找到我向我诉说心中的苦闷。他说自己在接到通知准备班会的同时，学科组长又要求他做汇报课，他一边准备班会，一边准备汇报课，班里又有两个同学闹矛盾需要他处理，他为了解决问题又去家访，这都占用了他很多时间。他每天忙得连饭都顾不上吃，只能挤出时间来准备班会，效果自然不尽如人意，校领导对他很不满意，问他这么长时间干吗去了。他向领导解释，领导却认为他是找借口。他的情绪十分低落。

上述案例中的小伙子终日忙碌，然而却没有达到理想的效果，受到领导的批评，自己也产生了深深的焦虑感。这其中的原因就是他不会管理自己的时间，没有抓住最重要的事件。既然他已经承担

了准备班会的任务，那么这项工作的成果就在一定程度上代表了学校的德育教学成果，那么就应该将精力重点投放在这上面。其他的工作和计划只能是放在次要的位置，他完全可以将准备班会的事情向学科组长汇报，要求换个时间专心去做汇报课，相信学科组长是可以理解的。至于学生之间的矛盾，如果不涉及恶性事件发生的可能，也可以推迟解决，如果问题比较严重需要立即解决，也可以和德育处进行沟通，请他们协助解决。总之，与班会无关的事情都可以暂时往后推或请人代劳。

一个会管理时间的人总是能从容待人处事，而且非常有效率。如果你能够学会使用多种管理时间的工具，将会在同样多的时间里使自己的工作更富有成效。下面就向你介绍几种管理时间的工具。

（1）记录下自己的时间分配情况。要有效地管理自己的时间，首先就应该了解时间是怎么耗用的。分析自己的时间利用情况，也是系统地分析自己的工作，鉴别工作重要性的一种方法。

（2）划分工作时区。将一天的时间分成几块来处理某些固定的工作，以免被其他事情打扰。比如，在特定的时间内批改作业，在特定的时间内做家访，等等。

（3）按工作的重要性来排序。教师每天都会面临很多工作，谁也不可能一次将所有的工作都做完。那么，就要有先后顺序，而制定先后顺序则需要智慧和准确的判断力。一般来说应该优先安排那些会被别人取代的工作，其次要花精力和心思在那些有创造性的工作上，最好还要根据自己的精力时段科学安排工作。

（4）能够很快找到你要的东西。有关机构对美国 200 家大公司职员做调查时发现，公司职员每年都要把 6 周的时间浪费在寻找乱放的东西上面。这意味着，他们每年都要损失10%的时间。对此有一个简单易行的办法：不用的东西扔掉，有用的东西分门别类保管好。

（5）工作最好一次完成。研究发现，造成人们浪费时间最多的是时断时续的工作方式。因为重新工作时，需要花时间重新调整大脑活动及注意力，才能在停顿的地方接下去做。

（6）事前有准备。偶发延误是最浪费时间的情况，避免这种情况出现的唯一办法是预先安排工作。事先有准备，你能把本来会失去的时间化为有用的时间。

（7）不要拖延。有些人花许多时间思考要做的事，却找借口推迟行动，又为没有完成任务而悔恨。在这段时间里，其实他本来能完成任务而且应该转入下一个工作了。

（8）改进工作方法。简单事情处理改进的余地不大，但一些复杂事物的处理，多动动脑筋，往往可以找到减少处理时间的办法。

（9）充分利用零碎时间。实际工作中，你会发现有很多没有工作任务的小时间片段，时间长了，这些零碎时间累积起来就很可观。所以利用这些时间片段做一些有用的事情，比如阅读，日积月累，你会受益匪浅。

（10）注意劳逸结合。计划不要排得满满的，一是要留一些休息的时间，二是给每项工作留有一定余地，因为一项工作到底要多少时间不一定能准确计算。

人的一生绝大部分时间都在工作，所以作为教师的你必须想方设法掌控好自己的时间。当你在有限的工作时间内，将所有预先制定的工作全部完成而且游刃有余，不再需要加班加点赶的时候，恭

喜你，你已经有效地管理了自己的时间，真正成为时间的主人。请记住，优秀的教师，必然是优秀的时间管理者。

第四节　正确面对压力

教师压力已经成为一个国际性的问题。发达国家的调查数据显示：

* 大约 1/4 的教师认为教学是"非常或极其有压力的工作"。

*67% 的中小学教师认为工作是他们的主要压力来源，而非教师职业中只有 35% 的人认为工作是压力的主要来源；只有 11% 的教师认为自己没有感到工作压力，而非教师行业中认为工作无压力的人达到 30%。

*74% 的教师认为教师这一职业"有压力"或"非常有压力"。

* 苏格兰的退休教师中，50% 教师不到 60 岁的退休年龄，和教师职业压力有密切关系。

在我们国家，随着教育改革的不断深化和教师专业化进程日益推进，教师压力问题日益凸显。一项调查数据显示，52.1% 的中学教师对职业感到有很大或极大压力。

职业上的持久压力会严重影响教师的身心健康，阻碍教师专业发展和影响教师工作能力正常发挥，还会影响师生关系，对学生健康人格形成不利影响。所以教师职业生涯规划，不能不考虑压力问题。

下面先让我们看看一个承受过度压力的教师案例。

阎老师是一位事业心很强的年轻女老师，性格温和内向，平时很少和周围的同事谈天说地，默默地将精力都放在教学上，工作成绩也比较显著，她的语文教学在全市小有名气，逐渐积累了丰富的带班经验。

可是最近，阎老师在学校的处境很艰难，事情的起因是一年一度的"三好班集体"的评选。她当班主任的高一一班各项成绩名列前茅，评选"市级三好班集体"很有希望。

在竞选大会上，德育老师在后台通知他们班的学生代表缩短发言时间，这位学生代表发言的时候就有些慌乱，结果最后，她们班落选了。

这位学生代表哭着回来向全班同学道歉，可是同学们感到这次评选是早有预谋的，其中一位学生干部代表全体同学找到校长抗议此事。对此，阎老师没有阻拦，她认为学生对这样的选举有知情权，况且在学生情绪如此冲动的情况下，强行阻拦反而会适得其反。阎老师不知道，自己将卷入可怕的是非漩涡。

先是几位老师找到她，说这次优秀班级落选是冲阎老师个人来的，因为她突出的成绩成为某些当权派的眼中钉，并且告诉阎老师"人善被人欺"，鼓动她站出来与"恶势力"斗争，他们会全力支持她。阎老师虽然有感于这些老师的"侠肝义胆"，但她生性文弱，不想惹是生非，决定还是忍了。

不想，校园里慢慢地开始有了对她极为不利的传言："阎老师将学校评选内幕向上级主管部门揭发了""举报学校乱收费的也是她""学校因为这次检举被上级部门拿下了'示范校'的招牌"……阎老师听着这些传言，恐慌极了，不知如何应对，更不知未来还会有怎样的传言。

同事们开始用异样的眼光看她，她一进办公室同事会马上停下话题，如果还有人说话，一定有一位会提醒："你想让校长、局长知道你的这些话吗？"

一次，阎老师实在受不了了，她下决心去找教委，希望教委领导出面向学校证实一下，她从来没有举报过学校的任何事情，但在门口徘徊了好久，她还是没有勇气进去。

阎老师认为自己在同事眼里就是叛徒、内奸。就连平时关系不错的同事也不再当众与她说话，怕沾上干系，只有一位很铁的朋友在晚上给她打电话，告诉她这一天又有什么样的传言。

阎老师失眠了，她感觉到一个大罩子将她罩住，压下来。就是好不容易睡着了，半夜醒来还是想着学校的这些事，难以再次入眠。早上起来昏沉沉的，全身的神经都紧绷着，她甚至期望自己大病一场，躲过这场灾难。

每天快到学校的时候，她的心跳就会加快，不知这一天又会出现什么问题。她不知有多少人躲在背后给自己造谣，她不知道这样的日子什么时候可以结束，她也不知道向谁去申辩、求助。

她变得敏感多疑，只要碰到有人聚在一起说话，她的心就悬起来："他们又在搬弄什么是非？是不是关于我的谣言就是他们制造出来的？……"她尴尬地从人家身边走过，连招呼都不愿意打了，实在不得不和同事说话也经常词不达意，甚至还会说出她自己都难以理解和接受的话，与同事的关系也进一步紧张、恶化。

一向精明严谨的她变得丢三落四，甚至讲课时会忘记刚才说过的话。学生感觉出她的变化，有的学生关切地询问："阎老师，您不舒服吗？"有些学生无法理解她的难处，还捣乱，被德育老师批评，她就向学生大发脾气，她常常躲到卫生间里号啕大哭，她觉得一切都完了……

我们能从这个案例中真切地体会出阎老师的焦虑、压抑和无助。这些症状就是心理压力过大的一种常见表现形式。那么面对压力，我们有没有一些方法能帮到阎老师呢？

首先要学会用适当的方式宣泄自己的情绪，如果像阎老师这样把烦闷强压在心底，即使不憋出病来，也一定会烦躁不安。要知道，言语本来就是表达感情的一种工具，我们要善用这种工具排遣心中的苦恼和抑郁。把给你造成压力的事情说出来，这样能在一定程度上缓解压力，舒缓情绪，摆脱心理负担。心理学家研究后发现，自言自语是一种最健康的解决精神压力的方法，是一种行之有效的精神放松术。

其次，要避免"连动性不安"，像上述案例中的阎老师在承受巨大压力的时候，更不知道如何和同事交往，甚至对他们说出一些自己都觉得无法接受和理解的话语，造成新的矛盾；另外，他还把自己的怒气发泄在学生身上，令学生感到不安，而学生的这种负面情绪又会反馈给她，造成她更大的困扰。所以，在面临压力时，教师一定要克制自己的情绪，避免不良情绪的蔓延。

再次，不妨换个角度看问题。有时候，事情的发生是不以我们的意志为转移的，何必太认真去计较呢？与其惴惴不安或者愤愤不平地破坏自己的心绪，不如换个角度看问题。就像案例中的阎老师，不必太在意同事的眼光和闲话，他们爱说就随他们说好了，常言说的好："谣言止于智者。"况且，有些同事也许并不是在说她的坏话，只是跟着瞎掺和罢了。与其为这些苦恼，不如把精力放在教学上。

如此，自己有了工作的重心，也就转移了注意力，心情便会慢慢平复。

最后，要在平时的学习和工作中逐渐完善自己的性格。开放性的性格是教师必须具备的性格特征，因为开放就会包容，包容别人的同时也就是包容自己。

面对压力，你一定要勇敢正视，而不是忽略或者逃避。试着经常问自己"什么是我必须面对的?""我要如何才能最恰当地处理这个问题?""以前我成功地处理其他压力的经验是什么?"你要相信自己有足够的能力来面对压力，解决问题。

总之，作为教师的你要学会与压力共舞，在共舞中找到更好的适合自己缓解压力的办法，提高自己解压的技能，走向健康、成功的人生。

第五节　做有"个性"的老师

北大附中的特级教师程翔说过："我们必须以自身为基础来吸取消化别人的先进经验。"学习于漪，并非把自己变成于漪;学习魏书生，也并非把自己变成魏书生。教师要敢于张扬自己的个性，更应该善于保护自己的个性。

个性，简单说就是天赋，一般表现为兴趣、爱好、特长。过去一谈个性就谈虎色变，认为个性就是个人主义，我们应当冲破这个思想禁区。个性发展完全合乎人才成长的必然规律。个性是教育的灵魂，个性发展是全面发展的核心，没有个性发展的全面发展很难说是全面发展，全面发展是个性发展的基础，没有全面发展的个性发展可能是一种畸形发展。对于学生我们讲究个性化，对于教师，你也要走自己的个性发展之路。

教师的个性化发展是根据教师自身的规律特点，依据自身的兴趣、爱好、追求，塑造不同的个性，"没有个性的老师，就没有个性的学生"。在以人性化教育促进个性化的发展中，作为教师的你不仅要有独立的人格，更要有独特的个性，它不仅影响自身教育教学活动的效果，而且在很多程度上影响着学生个性的健康发展。

教学的个性化

个体是有差异的，这是个性教学的心理学基础。个体因为存在着差异，才有实施个性教学的必要性、可能性。个体差异主要指人的心理差异，即人们在性格、兴趣、气质、能力等方面的差异，其他如生理、社会的差异都会对人的心理造成影响。

心理学的研究成果告诉我们，相同心理发展阶段上的人，虽存在着大体相同的心理特征，但由于受个体高级神经系统发展程度及家庭环境、生活经历、社会实践不同的影响，故他们在心理因素的各个方面如意识、需要、兴趣、动机以及能力、气质、性格等各方面都带有个人色彩，存在着许多差异。

人的个性就由许许多多的差异所构成。所有这些差异反应到教育上，从教学的角度看，就有"成就度差异""学习速度差异""学习能力差异"（学习动机、学习态度、学习方式等）"兴趣爱好的差异""生活经验的差异"等。这是从受教育者的角度来说的。从教育者的角度来说，也是一样的，每个教育者自身也有着千千万万的差异，表现在教育观念、教育方法等各个方面。因此，从客观存在来讲，教育是不能无视更不能抹杀个体差异的，承认差异是发展个

体的前提，也是教育的前提。

教育就是促进人的发展。人的发展包括身体与心理两大方面。身体的发展主要是指身体各器官的结构与机能以及机体系统结构与机能的生长发育、成熟、退化等变化。心理的发展包括人对外部世界和自己内部世界的认知能力、情感、意志以及心理的外部表现——各种满足需要的行为方式的形成与变化，还包括人的心理需求水平及个体心理整体结构的整体性特征——个性的形成与变化。

个体发展的实质就是"个体生命的多种潜能可能逐渐转化为现实个性的过程"。从这个实质意义上说，教育促进个体的发展，更要关注心理的发展，要帮助个体形成和发展良好的个性，只有这样，才能帮助个体形成发展的自主能力，使个体的发展由自发水平提高到自觉水平，使个体成为自己发展的主体。这是教育的目标，教育的任务。

现代社会竞争的核心已变成人才素质的竞争，而人才素质的关键则是人才的个性。显然，教育的质量能否得到社会的公认，学校在知识经济中是否具有生命力，关键取决于培养的人才是否具有很强的创新精神和创新能力，是否具有个性。缺乏开拓精神和竞争能力的书呆子，在当今社会毫无疑问是要被抛弃的。

因而无论是迎接国际竞争的挑战，还是适应社会主义经济体制转变的需要，教育教学必须要进行改变，学校的学习必须趋向个别化，教学要综合化。另一方面，社会经济的发展也为教育的进一步发展提供了物质条件，使个性教学成为可能。信息技术的突飞猛进与教学的结合，使计算机辅助教学得以发展，并且朝着网络化方向发展。这使得班级教学和课堂教学发生了翻天覆地的变化，教学也必然发生革命，即走向个性化教学。

从现代人自身的意识和观念来看，现代社会的人逐渐关注自身，希望发展自身的个性。在中国的传统教育中，只注重对人提共同的要求，个人是集体的附属物，不需要有个性，也不允许有个性。随着社会民主制度的不断完善，人民会越来越清楚地认识个体的价值和意义，因而会更强烈地要求教育关注人本身，要求教育更好地促进人的发展，而不是扼杀人的个性。

因此，依据人的身心发展规律，在教育过程中就要求教育者因人而异，因材施教，实施个性教学。只有符合人的身心发展的需要，符合受教育者的年龄特征和个性，注意全面协调发展，培养和谐全面的良好个性的教育教学，才是人根本需要的。

人的主体性和个性发展问题，从来没有像今天这样引起世界各国的重视，并成为世界教育改革的新潮流。这既是社会发展的要求，也是教育自身的发展趋势。当代哲学、心理学、脑科学研究的最新成果表明，个体之间发展的根本就是差异性和个性的发展，这就要求教育教学提供与个体差异和个性相一致的实践形式。

国外早在 20 世纪 80 年代就已经非常重视个性教育的研究了。日本临时教育审议会关于教改的第四次报告明确地将"重视个性的原则"作为教育改革的最基本的原则；苏联教育改革家主张"个性的民主化"，认为个性的自由发展是教育的目标，合作教育学应该成为个性发展的教育学，而不仅是智力发展的教育学。我国虽然起步较晚，然而近些年来提出的素质教育、创新教育、全面发展教育都有着丰富的个性教育思想。尤其到今天，个性教育越来越受到教育

改革家和教育一线的工作者们的重视，我国的教育教学正从历史的桎梏中挣脱出来，越来越清楚地显现出自身的个性。许多教育名家不仅十分关注个性教学，而且身体力行，已经为我们提供了个性教学理论和实践两方面的宝贵经验。随着教育自身的不断发展，个性教育将最终成为教育的主流。

教学机智的个性化

现在的教学与传统的教学很大的不同之处在于现在强调教师的教学机智。课程改革所倡导的教学观——"教学不只是忠实地实施教案过程，而更是课程创新与开发的过程"，需要教师的教学机智；"教学的本质是一种'沟通'与'合作'的活动"，需要教师的教学机智；"教学过程要走向相互适应取向和创新取向"，需要教师的教学机智。教学过程成为教师与学生追寻主体性获得解放与自由的过程，这种"解放"将使教学过程真正成为师生富有个性化的创造过程。

请看《从天然材料到人造材料》一课时的机智教学案例：

生：人们能用煤、石油、天然气做原料人工合成橡胶，橡胶是合成材料（教材原文）。那么，做房子用的预制板是由钢筋、沙子、水泥为原料做成的，预制板也应该是合成材料。

师：我们把已损坏的预制板用铁锤砸碎，你们能看到里面的钢筋、沙子和水泥吗？（教师让学生看预制板碎片）

生：能看到。

师：我们把合成橡胶用刀切开，你们能看到里面有煤、石油、天然气吗？（教师切开合成橡胶让学生看）

生：看不到。

师：合成橡胶是合成材料，预制板是不是合成材料呢？

生：预制板不是合成材料。

师：加工材料有什么特点？（让学生讨论）

生：加工材料是把天然材料进行加工形成的，没有变成新材料。

师：对，那么合成材料又有什么特点呢？

生：合成材料是用几种不同的材料变成一种新材料。

师：总结得很好，你们以后就根据这些特点去给材料分类。

上面案例中的教师发现学生能讲出很多材料的名称，却难以给这些材料分类，特别是对"合成材料"的归类更是模糊。他针对这种情况，灵机一动，借事解惑，取得了较好的效果。

教师的个性是教师知识、技能、素养的综合表现和情感、人格的集中展示，是不墨守成规的探索，不人云亦云的创造，是对现实的强烈追问、对保守的透彻批判，是对困惑坚韧的思考、对体制顽强的挑战，是对现状踏实地开拓、对理想执著地攀登。其核心价值表现为一种崇高的精神追求，其终极目标表现为一种破中有立的建设。教师的个性应该是符合教育规律、有利于促进学生发展、建立在教师良好的品德、人文素养的基础上的；是不过分计较得失，不轻易畏惧强权动摇屈从，保持独立人格和尊严；捍卫和发展真理的。

因此，张扬个性不仅需要勇气，也需要智慧，你要学会在张扬中保护，在保护中张扬，要让个性转化为成长的优势。

最后，阅读下面材料，思考你怎样走个性化专业发展之路？为此，自己该做怎样的规划和努力？

教学三境界

（1）从没有模式到进入模式。

新（不成熟）教师关注的问题面很窄，就如初学骑车者，关心的是如何走稳，而不顾及其他。这些教师在教学上随意性大，处于"教学无法"状态，没有形成稳定的教学模式，他们心中正渴望寻求恰当的方法，寻求理论的指导，探寻教学正法。此时的教学处于第一境界。

处于第一境界的教师，可以从没有模式进入模式，便能找到学习理论的起点，找到教学理论与实践的联结点。通过对一定模式的操作程序、方式的学习、运用，可以进一步理解教学目标、原则的内涵，掌握它们（这一模式）的教学方法、技巧。这样一来，我们就可以减少教学上的随意性、盲目性，使自己的教学更规范，免走教学上不必要的弯路。完全进入模式一般要经过三个时期：选择模式、掌握模式、运用模式，这三个时期，我们不可急于求成，应扎实常规教学、一步一个台阶，不断学习、研究、探讨。教师完全走进模式，也就从"生"到了"熟"、从"教学无法"到了"教学有法"，从"完全生手"成为"比较成熟"的教师。此时，我们便步入了教学的第二境界。

（2）努力探索，不断创新，提升境界。

教学是艺术，艺术的生命在于创新，创新精神是一种不屈不挠、务实求真的精神。我们要从"比较成熟"的教师成长为"完全成熟"的教师，直至专家型的教师，就要不断探索、创新：敢探求未发现之新理，敢入未开化之边疆。

教师走进模式后，就由"生"到了"熟"，这是一个了不起的进步。但这个"熟"只是"比较熟"，要达到"完全熟"还需不断进取。因为一定的模式总是针对一定的问题而建立的，仅仅掌握一种模式不可能解决教学中的全部问题。所以，教师在熟练掌握了一种模式后，还要广泛地学习其他模式、方法，不能拘泥于原有固定的模式结构，不可把模式"模式化"。教师应根据不同的教学内容、对象和自己个性，学会对原有模式进行调整、改造，力争有突破、创新，要明白"仿我者死，创我者生"的道理。

从没有模式到进入模式需要努力，而从进入模式到跳出模式更需要决心，勇气。由"熟"返"生"是探索的结果，而创新就是"返生"的开始，再往前走，教师必能升华自己的教学境界，进入教学的最高境界。

（3）跳出模式，走向"无法"——教学艺术的理想境界。

教师的学习、思索、尝试、积累是一个曲折而艰辛的过程，许多成功、失败经常交织在一起，教师正是在这交织中不断走向成熟。只要我们不懈努力，终会有一天豁然顿悟：过去看不见、摸不着的教学规律，如今会非常清晰地呈现在面前。原来，教学竟是如此自在！这便是教学的第三境界。

步入教学第三境界，我们就走进了教学自由王国，就有了教学艺术尽在掌握之中的豁然明朗的自信。其实，教学第三境界是在"完全熟"的基础上的"返生"，是"有法"之后不断追求的顿悟"得法"，是对模式改造、创新之后的跳出模式——"没有模式"、"无法"，这是一种超越：超出定法、模式，超越自我。一旦进入了

生涯规划与自我实现
Shengya Guihua Yu Ziwo Shixian

教学第三境界，教师的教学便真正成为一种高超艺术——因势用法，自成体系，挥洒自如，炉火纯青。

第六节　在工作和生活间寻求平衡

许多老师为自己规划好职业生涯的蓝图以后，都把"努力"、"勤奋"当作自己的座右铭，整天忙于工作，常年劳累，但这样拼命就一定能实现自己的职业生涯目标吗？就一定能够获得自己希望的成功吗？

比尔·盖茨就曾向媒体公开表示，他不赞成辛苦工作，因为成功与辛苦工作并没有必然联系。相反，运用高效率工作的快乐方法，能帮助人拥有更轻松悠闲的生活节奏，并从中获得更多收获。他说："人生有两项主要目标：第一，拥有你所向往的；第二，享受它们。只有聪明的人才能做到第二点。努力工作，同时享受生活，我们每个人都应该这样。"

如何平衡工作和生活的关系，也是作为教师的你在拟定职业生涯计划时，必须审慎而认真考虑的方面。随着社会经济的发展，生活节奏的加快，教师们越来越感觉到工作和生活的双重压力，他们感觉不到快乐，身心疲惫。所以"努力工作，尽情享受"（work hard play hard）的文化理念也越来越受到教育界的认同和倡导。

工作只是生活的一部分，工作是为了更好地生活。保持工作和个人生活之间的平衡，精神饱满地工作与积极地生活是每个人都向往的。

有些老师常年加班加点地工作，甚至把工作带回家，顾不上吃饭、睡觉，也顾不上自己的家人。这样过度劳累可能会给你带来可怕的后果，比如失眠、心脏病、胃病、肌肉劳损等，这些疾病中的任何一种都将严重危害你的健康。

工作之余，你要学会关注自己的健康。你可以参加一些丰富多彩的健身互动、娱乐活动，这样能使你的身体更加结实。很多老师总是以"时不待我"的精神将工作排得满满的。其实对于每一个人来说，健康是1，事业、金钱、地位、成就、家庭等都是1后面的0，如果1后面的0越多，这个人就越富有，但如果没有了这个1，后面有再多的0又有什么意义呢？所以，作为教师的你在平时就要爱惜自己的身体，将休闲也排进自己的计划，休闲不仅能让你感到放松，而且在忙碌中也可收到"望梅止渴"的效果，想一想周末可以和朋友去打球，或是还有半个月就可以出门旅游，工作所带来的不愉快情绪也会得到舒缓。

"休息是为了走更远的路。"如何安排休闲生活，让不度假、很少度假、没时间度假，或随便度假的老师，拥有适度的、精致的休闲呢？

计划。休闲生活有三要素：时间、金钱与健康。休闲生活的安排要依照自己拥有三要素的多寡、长短、好坏来决定，比如，有时间、有金钱，但健康状况不佳，若想出国度假，最好选择行程不长、不累，且目的地国家的医疗条件优越者。如果身体好、有时间，但金钱匮乏，就可以尽量选择话费低廉的旅游线路，以及安排较便宜的住宿与交通工具。

空闲。亚里士多德曾说过："凡在一种自由选择、自我满足的心态下，从事一种并无特殊目的，也不感到劳累的活动，即属休闲。"

197

由此可见，休闲是将心里被工作、生活所占满的压力掏空出来，让自己处于空闲、轻松的状态。休闲不一定要出去旅行，如果手头不宽裕，到乡间小道上走一走，呼吸新鲜空气，一样能陶冶情操，让心情处于闲适、安逸的状态。

艺术。休闲生活的安排也可以是一门艺术。度假可以是多元化、多方向的。比方说，对艺术有兴趣，可以参加博物馆之旅与艺术研习，可达到研习与休闲的双重目的。比如有的生物老师就参加自助赏鸟旅行，对自己是休闲，对教学而言是进修，一举两得。

对教师而言，享受生活还有着先天的有利条件。只要打开自己的感官，每天给自己一小段闲暇时光，平素里再平凡不过的点点滴滴，只要你静下心来细细品味，都有无限风光蕴涵其中。学生的小小进步，自己新发明的教学方法，同事之间的经验交流……都会成为品茗之余的回味。

生活是多姿多彩的，教学也是一种生活方式。作为教师的你不仅要有执著的人生追求、过人的专业技能，而且必须有健康的心理、乐观的生活态度、积极的精神状态。你有什么样的情怀，就有什么样的处世方式；以什么样的态度对待生活，生活对自己也会有什么样的回报。作为一名教师，如果你能在工作之外也过着充实而满足的生活，你就能把这种好心情带入到工作中去。一位优秀的教师，除了会工作，也一定要会享受生活。